MARIE DUTOIT

Mme E. DE PRESSENSÉ

SA VIE

D'APRÈS SA CORRESPONDANCE ET SON ŒUVRE

PARIS

LIBRAIRIE FISCHBACHER

Société anonyme

33, RUE DE SEINE, 33

1904

Mme E. DE PRESSENSÉ

SA VIE

D'après sa correspondance et son œuvre

OUVRAGES DE MLLE MARIE DUTOIT

Noëls. — 2e édition. 1 vol. in-12 . . . . . 2 »
Une volière. — 1 vol. in-12. . . . . . . 2 50
Une femme de travail. — Louisa Alcott,
   d'après son journal et sa correspondance,
   1 vol. in-12 . . . . 2 »
Madame Swetchine. — 1 vol. in-12 . . . 1 »
Jacqueline Pascal. — 1 vol. in-12 . . . 1 50
La comtesse Agénor de Gasparin. — Etude
   morale et littéraire, avec préface de *Phi-*
   lippe Godet. 1 vol. in-12.
A deux voix. — Psychologie de jeunes filles.
   Roman. 1 vol. in-12 . . . . 3 50

DIJON, IMPRIMERIE DARANTIERE.

Mᵐᵉ E. de Pressensé.

MARIE DUTOIT

Mme E. DE PRESSENSÉ

SA VIE

D'APRÈS SA CORRESPONDANCE ET SON ŒUVRE

PARIS

LIBRAIRIE FISCHBACHER

Société anonyme

33, RUE DE SEINE, 33

1904

MME E. DE PRESSENSÉ

CHAPITRE Ier

> « Oh ! si nous rencontrons sur cette route sombre
> Où nous montons si seuls, si tristes et si las,
> Quelque fleur embaumée à l'écart et dans l'ombre,
> *Respirons ses parfums, mais ne la cueillons pas.*
>
> Laissons-la croître seule et dans son doux mystère,
> Laissons-lui sa pâleur et son charme ignoré ;
> *Ne lui demandons pas trop. Rien n'est doux sur la terre*
> *Comme un bonheur secret que nul n'a pénétré.* »
>
> Mme E. DE PRESSENSÉ. (*Poésie de jeunesse inédite.*)

Enfant à « Bois-Gentil ». — Pensionnaire à Lausanne. — Fiancée. — Jeune femme, jeune mère à Paris. — Voyageuse en Italie. — Elle perd un enfant. — *Le Vaste Monde.* — *Rosa.* — Esquisse de sa vie au dedans et au dehors.

On éprouve souvent quelque difficulté à se représenter que tel personnage célèbre ait eu une enfance, qu'il ait sauté, qu'il ait ri, qu'il ait parlé aux rayons du soleil et adressé à Dieu, avec des yeux candides, des requêtes absurdes ; et on est porté à réduire pour ceux-là au minimum la période de préparation. Ils ont été enfants, oui, mais si peu... Voilà ce qui ne se dira jamais de Mme de Pressensé. Ah ! certes, nous croyons qu'elle a été enfant, et jeune fille donc !

Nous le croyons, car toute sa vie elle conserva comme un parfum le charme persistant de ce beau pays de la jeunesse qu'elle avait une fois traversé comme tant d'autres ; toute sa vie les gaietés et les étonnements de l'enfant, les frais amours des jeunes filles, la firent tressaillir au fond de son être, comme si elle avait été encore l'enfant et la jeune fille ; et son sourire lui-même avait vingt ans. Oui, toute sa vie, sous l'étreinte de la souffrance des autres qu'elle devait ressentir si fortement, ce clair filet de jeunesse chanta en elle, semblable aux petits ruisseaux que l'hiver ne réussit pas à engourdir et qu'on entend sourdre, sourdre sous les glaces — jusqu'au printemps qui les délivre.

Sur l'enfance d'Elise du Plessis (née à Nyon en 1826, d'une famille d'origine bretonne, les du Plessis-Gouret) nous savons fort peu de chose. Ses contemporaines ont vécu. Ceux qui lui tenaient de plus près, ses filles elles-mêmes étaient trop absorbées par le présent impérieux pour songer à remonter avec elle la chaîne des souvenirs. Elle aussi subissait l'étreinte de ce présent qui est l'heure où l'on souffre et l'heure où il faut sauver en aimant ! Ecrivait-elle, même à des amis intimes, on ne la prenait jamais à dire : « Dans mon enfance… » ou « Je pensais, je jugeais ainsi à tel ou tel âge », car ces retours pleins de charme indiquent une personnalité qui se recherche. Or rien n'était plus éloigné d'elle. Où s'adresser alors, puisque personne ne parle?

A ses livres, sans doute, à cette belle et harmonieuse série de livres d'enfants où sont écrits en caractères transparents, bien que brisés et souvent intervertis, l'histoire morale de son enfance. Mais ici encore une difficulté se dresse : la plupart d'entre eux mettent en scène ses petits-enfants, « nichées » après « nichées » ; et nous courrions le risque, en voulant la rechercher elle-même dans son passé, de nous heurter à des créatures bien vivantes appartenant à une toute autre génération ! Sans doute ! mais sans parler de *Bois-Gentil*, dépôt authentique de quelques souvenirs d'enfance, il est possible, nous semble-t-il, de se renseigner sur la petite Elise, simplement en observant à travers son œuvre le retour persistant et presque invariable de certains types de caractères et d'impressions. Prenez, par exemple, le type de l'enfant dont les besoins de cœur sont immenses et non satisfaits. On lui a souvent reproché ces figures anormales, petits êtres incompris, comprimés ou souffre-douleurs ; les *Jérôme*, les *Eglantine*, les « *Seulette* », les « *Pauvre Petit* » — cohorte mélancolique et tendre sur laquelle bien des larmes enfantines ont coulé. On le lui a reproché même durement dans certains milieux religieux, avec un refus de comprendre dont elle eut plusieurs fois à souffrir. C'était bien simple, cependant : nature de sensitive, Mme de Pressensé savait exactement par expérience quelle atmosphère est nécessaire pour l'épanouissement complet d'un cœur d'enfant (elle le savait si bien qu'elle l'établit, cette atmosphère, autour des siens pendant deux générations). Elise du Plessis dut être un peu « *Seulette* » dans les profondeurs de sa petite âme close et frémissante ; elle dut connaître un peu le mal d'être aimée, comme *Ursule*, du « *Pré aux Saules* ». Non qu'on ne l'aimât pas ! Mais dans ce temps la pédagogie n'était pas encore la science sympathique qu'elle est devenue, la grâce n'avait point triomphé de la loi dans les deux domaines étroitement liés de la religion et de l'éducation. Le milieu religieux de la famille du Plessis à Nyon était du méthodisme assez rigide. Mme du Plessis elle-même, femme spirituelle et d'un vrai charme dans la société, montrait à ses enfants un visage plutôt sévère ; et deux personnes âgées associées à la vie de famille : Mme de Montet, mère de Mme du Plessis, et une vieille amie, Mlle Clavière, accentuaient par leur présence ce caractère de gravité. A quatre ans, la petite Elise faisait la lecture à sa grand'mère ! Elevée avec quelque rigueur dans un milieu un peu contraint, malgré la grande bonté de son père, elle contractait alors un pli ineffaçable de réserve et de timidité qui devait constituer un de ses charmes et rehausser sa valeur, mais qui n'en est pas moins l'indication légère laissée par la souffrance, ou du moins par l'insuffisance de joie, sur sa nature d'enfant.

N'exagérons rien, cependant, et surtout rappelons-nous que l'enfant, devenue femme, a pris sa revanche sublime en réalisant cette parole qui est d'elle : « Aimer est encore meilleur que d'être aimée ; c'est ce qui remplit le mieux le cœur. »

N'exagérons rien, car ses rares compagnes de jeu encore vivantes témoignent qu'elle montrait, au milieu de ses frère et sœur et de ses amies, gaieté, vivacité et humour, cette dernière qualité lui venant de sa mère : Tout porte à croire qu'elle a sauté comme *Rosa* jusqu'à déchirer sa robe comme *Eglantine !* Mais il semble qu'elle ait tenu de moins en moins, en grandissant, à la société de ses contemporaines, soit par timidité, soit par un sentiment supérieur : n'était-elle pas le merle blanc du Viez ?

Une autre tendance peut être hardiment attribuée à la petite fille qui rêvait au Viez sur Nyon vers 1837 : c'est la tendre complaisance pour la classe pauvre que marquent tous ses petits héros ; c'est cette sorte d'obscur malaise d'être parmi les heureux, exprimé en ces termes par *l'hurluberlu*, Rosa, entre deux peccadilles grosses comme le monde : « Je voudrais ne pas être si heureuse ! Je voudrais ne pas avoir tout ce qu'il me faut. Oui, je voudrais être pauvre et misérable, puisque d'autres le sont. »

Ce malaise grandit chez *Geneviève* enfant, la créature d'élite, et devient un dépaysement profond de l'âme généreuse :

« C'était une sorte de mal du pays de ce sort qu'on lui peignait si triste. »

Peut-on supposer que Mme de Pressensé eût généralisé ainsi un sentiment si rare, si elle ne l'avait pas éprouvé à quelque degré au même âge? D'ailleurs qu'avons-nous besoin de preuves? Ne sommes-nous pas certains que celle qui a lui et luira encore comme un phare d'amour pour des générations d'enfants a senti de bonne heure s'annoncer sa vocation?

Dans cette nature voilée, les affections revêtaient ce caractère de libre choix qui les rend si ardentes. Comme elle aima les pauvres, tout enfant elle aima la France. Née en Suisse sur les bords du lac de Genève, ayant grandi dans ce « doux pays de Vaud » dont Sainte-Beuve admirait « les pentes heureuses », entourée de petites amies vaudoises, l'enfant rêvait tout bas de la France et de la frontière française dont quelques kilomètres la séparaient à peine et qu'elle aimait à aller toucher dans ses promenades. Fillette au cœur romantique, elle en rapportait même la pierre ou le morceau de terre, fragments pleins de charme du sol français. Sans doute c'était la voix de ses ancêtres bretons qui se faisait entendre en elle. Mais j'aime à y voir un pur attrait de l'âme. Celle qui me raconta ce trait ajoutait : « Etre française fut vraiment pour elle une vocation..... A ce point de vue aussi il y eut de l'unité dans sa vie. » Et je pensais combien ce mot eût réjoui celle qui aspira toujours, souvent avec douleur, à l'unité et à l'harmonie.

« De sa double origine, écrit spirituellement

Mme C. Coignet dans ses *Mémoires*, la jeune fille a tiré une nature pétrie de contrastes : l'ardeur chevaleresque de notre vieille contrée et l'esprit critique des Vaudois, la hardiesse de l'imagination et la réserve des actes, les curiosités de l'esprit et les scrupules de la conscience, de larges sympathies humaines et des sentiments personnels exclusifs, l'enthousiasme de l'idéal et l'observation ironique du réel, en un mot toutes les flammes intérieures sous une enveloppe austère..... »

« Heureux ceux qui ont habité la campagne dès leurs premières années. Il reste de ces enfances privilégiées des souvenirs dont le charme va grandissant jusqu'à la vieillesse ! » s'écriait Mme de Pressensé à la première page de « *la Maison Blanche* », et tel de ses livres : « *Le Pré aux Saules* » exprime d'un bout à l'autre et détaille à chaque page ce privilège de l'enfant qui ouvre ses yeux avec les pervenches et croît comme les violettes.

Heureuse fut donc la petite Elise du Plessis, trois fois heureuse, car elle passait la moitié de ses années à la campagne, au pied du Jura. L'hiver s'écoulait à Nyon dans un travail assidu, mais dès le mois de mai, fouette, cocher ! On montait au Viez. Et alors commençait pour la petite Elise et ses deux cadets cette vie intimement liée à celle de la nature qui est la bonne vie. Là, l'enfant devint familière avec le paysage, avec les arbres ; elle apprit, le long des chemins, la valeur de ces détails dont aucun n'est petit dans la nature ; elle aima l'humble fleurette et la fit aimer. Car le détail modeste, intime, elle le préféra toujours aux ensembles. Ah ! certes elle assistait d'une âme ravie aux féeries de l'avènement du printemps, ce printemps qu'elle a tant aimé, tant aspiré, tant décrit par exclamations vives, et qui est si beau là-haut au pied du Jura ! (La saison féerique entre toutes à *Bois-Gentil*, c'est le printemps.) Mais quand il lui aurait fallu choisir entre les cîmes blanches qui s'étageaient à l'horizon en arrière de leur lac, et un simple morceau de pré, un coin de haie vive, elle n'aurait pas hésité et tenu pour le coin de pré, pour la haie verdoyante avec ses panaches de jeunes chênes ; bien différente en cela d'une autre jurassienne qui, dix ans plus tôt, foulait d'un pied autrement conquérant des sentiers agrestes tout pareils à ceux-ci. Vous rappelez-vous un coin de pré (dans le *Pré aux Saules*) sur lequel passent successivement un rayon de soleil et un nuage ; deux petits morceaux d'un impressionnisme charmant ? Vous rappelez-vous, dans le même livre, toutes les haies printanières que Mme de Pressensé anime pour nous, chemin faisant ? que de violettes, que de pervenches aux grands yeux, que de lézards frétillant parmi les feuilles sèches, que de senteurs à l'avenant ! Tout cela ce sont les promenades de l'enfant conservées dans sa mémoire comme dans un lit de mousse fraîche. Et il arrivera que le coloris des fleurs de sa jeunesse deviendra toujours plus brillant dans son imagination, à mesure que la nuit descendra sur ses yeux ! Il fallait l'entendre parler à 70 ans du bleu des myosotis !

Romantique encore, la fillette avait une habitude : celle de quitter son lit avant jour en été, pour s'en aller errer dans la campagne, comme la petite *Jeanne* quand elle veut aller surprendre les fées au banc du chêne (*Bois-Gentil*). Pas de fées pour la jeune fille ; aucunes apparitions surnaturelles, sinon la lune qui, finement, argentait les prés, ajoutant au mystère des choses. Et à l'aurore elle rentrait, le cœur gonflé de poésie inconsciente, petites jupes un peu mouillées, je le crains, par la bonne rosée matinale ennemie des mousselines et des jaconas. Lui fallait-il, toujours comme *Jeanne*, être cernée dès l'entrée par la terrible *Suzette* aux cent yeux ? Je le crains encore ; car au Viez *Suzette* était une réalité en chair et en os...

La maison du Viez elle-même a son prototype dans *Bois-Gentil*. Relisez les premières pages de ce livre avenant qui sent si bon et où la joie de vivre se tempère de tant de bonté pour autrui. La vieille demeure, sans silhouette précise, que des ailes ajoutées et surajoutées rendent bizarre, et, la revêtant tout entière, poussant son jet par toutes les ouvertures, la folle verdure qui supplée aux insuffisances de l'architecture rurale — c'est le Viez. C'est encore le Viez, la terrasse aux tilleuls, le beau chêne avoisinant la maison avec son banc pour les rêveurs — pour les rêveuses ! — et ce charme des lieux qui pousse *Louise* à conter qu'il y a des fées, et la petite *Jeanne* à le croire. — Elise du Plessis aussi avait persuadé à sa sœur Emilie qu'il y avait des fées au Viez, et Emilie s'y était laissée prendre ! Mais à beaucoup près l'atmosphère n'était pas détendue au Viez comme à *Bois-Gentil*, et les mouvements de la petite figure humaine : l'enfant, ne devaient y être ni si souples, ni si libres. Que dis-je ? à la campagne, l'enfant est toujours libre et presque toujours heureux ; c'est Mme de Pressensé qui l'a affirmé dans le « *Pré aux Saules* » ; le bon vent qui retrousse la crête des graminées à la surface des prés roux passe aussi dans la chevelure de la petite fille faisant monter en elle tout un essaim de joies confuses...

Dans « *Bois-Gentil* », Mme de Pressensé s'est dessinée elle-même d'un crayon malicieux et fort peu véridique sous les traits de *Louise*; de *Louise*, le poète en herbe, qui crayonne le matin sous le chêne, et le soir dans sa chambrette jusqu'à son dernier bout de bougie, et fait rimer « douleur » avec « pleurs » au mépris de ses joues roses ! Mystérieuse et un peu maussade petite Louise qui passe au milieu de ses frères et sœurs comme une ombre, sans les voir, fallait-il qu'elle fût choisie pour représenter celle qui nous apprit à voir et à aimer ! Le prétendu portrait n'était qu'une gentille caricature dont on sourit autour d'elle... Ceci seul est vrai que la vocation poétique isolé, même au sein d'une famille heureuse, même celle dont le cœur est aimant. Il faut payer par un peu de solitude morale, et par cette réserve qui vous fait souffrir avant de faire souffrir les autres, la joie ineffable d'écrire des vers sous le grand chêne !

Née à cette époque charmante où la poésie était encore un dieu que Lamartine incarnait, Elise du Plessis n'attendit pas d'être jeune fille pour penser et rêver en vers. Telle était la puissance du rythme sur cette enfant qu'elle retenait à première lecture des strophes de poésie étrangère savourées le matin, tandis que sa bonne la coiffait. Eut-elle dès treize ans le petit cahier de *Louise* pour y épancher son lyrisme ? Je l'ignore ; un voile qu'elle eût aimé flottant sur toute sa première jeunesse. Ce qu'on peut affirmer, c'est que jamais elle ne s'autorisa de sa vocation pour se poser en jeune incomprise aux yeux du monde ou devant elle-même. De son propre témoignage, rien n'était plus contraire à sa nature :

« J'ai toujours bien plus souffert de ne pas comprendre que de n'être pas comprise. Ce dernier malheur est sans doute à l'usage des natures exceptionnelles ou des esprits faux. »

« Où est la poésie ? » se demandait peut-être la fillette assise sur le banc du chêne, tentée de la chercher trop haut ! Quelques années plus tard, elle se répondra à elle-même par ces nobles vers où c'est la poésie qui parle :

« Je suis dans tout devoir accompli sans murmure,
Je suis à tout foyer où m'appelle le cœur,
Je suis dans tout amour de source sainte et pure,
Je suis dans toute joie et dans toute douleur,
Je suis dans cette lutte inconnue, incessante
Qui souvent a lassé ton âme impatiente. »

(Poésie de jeunesse, inédite.)

La légère auréole poétique n'empêchait point qu'elle ne fût la meilleure et la plus simple des camarades. A cet égard les témoignages abondent. Une des amies de sa sœur cadette, petite fille en 1840, femme âgée aujourd'hui, rappelle avec reconnaissance qu'Elise du Plessis lui « prêta la moitié du tiroir où elle serrait ses livres et ses dessins... » Faire part de ses tiroirs pour une adolescente, c'est le sommet du beau, c'est méritant jusqu'à en être héroïque ! *Louise*, dans « *Bois-Gentil*, » n'en eût pas fait autant ! Une autre se réfère aux leçons que lui donnait, moitié jouant, la grande Elise, et qui la laissaient tout émerveillée. Tant de science et tant de bonté ! Si loin et si près ! Aux enfants plus jeunes qu'elle-même, elle inspirait ainsi des sentiments d'admiration fervente et d'attachement passionné qu'on peut sans doute attribuer à sa supériorité morale, perçue sûrement par l'intuition enfantine, mais que provoquait aussi l'attrait d'un certain inconnu : Car, bien inconsciemment, cette grande adolescente solitaire et silencieuse s'enveloppait de mystère. On remarquait aussi, dans le cercle enfantin, que si une drôlerie sortie

d'une petite bouche la faisait rire franchement,
elle n'aurait jamais même souri d'une velléité
sentimentale ou poétique. Et cela lui valait des
confidences.....

Elle-même avait trouvé de bonne heure chez
son père un confident, un inspirateur, un guide
dont son intelligence et son imagination ardentes
éprouvaient le besoin. On ne saurait dire assez
de bien de M. du Plessis, ce parfait gentilhomme
français, comme on l'a appelé. Il avait éprouvé
des malheurs dans sa vie privée, qui le rendaient
plus touchant aux yeux de sa fille : marié trois
fois, il n'avait pu qu'à la suite de son union avec
Mlle Dutoit, vers 1825, constituer une famille ;
et on racontait qu'à son premier veuvage, dé-
sespéré, il avait fait embaumer et placer dans
un pavillon tout voisin de sa demeure, à Nyon,
le corps adoré de sa jeune femme. Hélas ! bien
avant que la petite Elise fût d'âge à errer autour
du pavillon, le cercueil en avait disparu, refoulé
par la vie; mais les lieux restaient consacrés au
souvenir, et la fillette romanesque, à qui on avait
conté l'histoire, aima tout de suite cette ombre
de mélancolie posée au front des jardins riants
et sur la vie de son père. Elle hantait les abords
du pavillon de l'amour et de la mort.

Non seulement M. du Plessis était, dans sa
famille comme dans la société, l'homme le plus
courtois et le meilleur, mais il avait encore de
la largeur dans les idées et une rare culture
d'esprit. Il avait séjourné à Paris, dans sa jeu-

nesse, et s'y était lié d'amitié avec plusieurs personnages célèbres. Le théâtre était son goût dominant, il avait vu Talma dans ses grands rôles ; et c'était un des plaisirs du gentilhomme campagnard que de déclamer pour les siens quelque morceau de Corneille ou de Racine, — de Racine surtout dont il rendait merveilleusement l'harmonie ; il suivait par une scène de Molière. L'une au moins de ses filles était d'âge à l'écouter, et elle y mettait toute l'intensité des âmes passionnées et contenues. Telles furent les premières émotions artistiques de la petite Elise. Elle avait en tout temps son père pour professeur. Au Viez, M. du Plessis faisait à ses enfants, en se promenant avec eux, de vrais cours de littérature et d'histoire. En passant sous la forêt murmurante ou en traversant le champ de blé qui bruit, entendre une leçon improvisée sur Lamartine — représentons-nous le charme d'une telle harmonie.

Cependant, ces exercices intellectuels ne faisaient point tort à l'activité spécialement féminine ; et on nous vante les manchettes qu'Elise brodait pour ses amies « à la perfection » ; le même témoin ajoute : « J'ai l'impression très nette que tout ce qu'elle faisait était bien fait. »

Ce fut encore son père qui se tint à ses côtés comme son meilleur ami, le jour où, pour la première fois, elle fit acte d'indépendance : La jeune fille allait commencer son instruction religieuse, en vue de faire ce qu'on appelle « la première communion ». Or, depuis quelque temps, elle se trouvait à l'étroit dans la petite assemblée que fréquentaient ses parents ; l'esprit dissident ou sectaire, qui prétend limiter à quelques-uns l'Amour infini dont Dieu aima le monde, répugnait à sa nature. « Ce haïssable petit troupeau d'élus ! » écrira-t-elle beaucoup plus tard dans une heure amère, en parlant des privilégiés de toutes catégories. Elle exprima donc le désir d'être instruite, puis reçue dans l'Eglise dite nationale, *avec tous*. Se mêler à l'humanité, ou du moins avec la plus grande fraction possible de l'humanité — tel était déjà l'idéal de cette étrange jeune fille de 14 ou 15 ans.

Le point de vue n'était pas ordinaire et dut causer, le milieu donné, une surprise peu sympathique. C'est alors que M. du Plessis, avec une tolérance qui ne devait pas être ordinaire en 1840... autorisa sa fille à suivre son cœur.

Elise du Plessis avait désormais les ailes assez fortes pour les étendre en dehors du nid paternel ; elle était prête pour la vie. Deux ans après (elle avait 17 ans), on l'envoyait terminer son éducation à Lausanne, dans la maison du professeur Herzog.

Cette jeune fille vaudoise évoluant des bords du lac vers Lausanne, avec l'esprit curieux et les allures libres qui sont de mise dans son pays, rappelle Suzanne Curchod. Le rapprochement fait aimer davantage la grande enfant timide et déjà mûre, dont de longs cils voilaient à propos le regard, et qui s'en allait, d'un cœur ardent, au-devant de ses premières émotions d'amitié, d'art et d'amour.

Lausanne était alors (1845) dans une des phases les plus agréables, sinon les plus brillantes, de son histoire intime. Il y avait un certain mouvement d'idées dans la ville de Vinet, sous le sceptre du Maître. Avec le goût vif de la littérature on avait l'art de se réunir souvent et sans apparat ; c'étaient lectures en commun suivies de libre discussion ; et les plus jeunes et les plus distingués (citons Ed. de Pressensé) apportaient le concours de leurs rêves qu'ils commençaient à vivre. Belle saison ! Elise du Plessis entend lire quelques fragments de la « Philosophie de la Liberté » et son âme étonnée qui se dilate d'admiration reconnaît son Maître..... Elle suit à l'Académie le cours de littérature de M. Vinet, auquel les dames avaient été officiellement admises ; officiellement mais non sans quelques protestations sous forme de quolibets de la part de ceux qui portaient casquette...

C'est à ce propos que la jeune fille, en collaboration avec une amie aussi malicieuse qu'elle-même, Mlle Elisa Olivier, composa « *les Bas bleus* », dialogue humoristique entre un étranger et un citoyen de Lausanne. Le morceau était piquant surtout par son sujet ; quant aux vers, n'y insistons pas...

L'étranger, plus candide qu'inintelligent, veut connaître le sens de l'accusation terrible : « bas

bleus » dont on frappe maintes gracieuses jeunes
filles de Lausanne.

« Hé ! hé ! nous y voilà.
Les bas bleus, voyez-vous, ne sont pas des bas blancs..., »

répond le citoyen qui apparaît comme un vaudois de bonne marque. Cependant, pressé de
s'expliquer, il veut bien faire entendre que les
« bas bleus » sont raisonneurs, et qu'ils pé-
rorent plus qu'ils ne tricotent ! (*sic*). Voici son
dernier coup :

« Pensez que parfois même elles suivent des cours !... »

Nous y sommes ! Là-dessus l'étranger, qui a
manifestement le sens de l'avenir, réplique avec
bonne humeur :

« Quoi, voilà ces bas bleus dont on fait tant de bruit !
En ce cas-là, moi je réclame
Que toute bonne et brave femme,
Soit un bas bleu dès aujourd'hui. »

Dire qu'il y eut, à Lausanne, une petite révolution de surface parce que les dames avaient
été autorisées à suivre le cours de M. Vinet —
cela permet de marquer le chemin parcouru,
non seulement dans la libre Suisse, mais en tous
pays.
S'il y en avait pour l'intelligence à Lausanne,

il y en avait aussi pour le cœur. De douces et fortes amitiés qui tisseront leur réseau à travers toute la vie unissent bientôt Elise du Plessis à Mlle Marie Vulliemin, plus tard la femme de l'éminent pédagogue J.-L. Galliard, et à ses sœurs ; à Mlle Clara Monnard, auteur charmant d'*Augustin* sous le nom de Mme Monneron ; à Mlle Marie Hollard, appelée à devenir Mme Eugène Bersier ; celle-ci, plus jeune, regarde Mlle du Plessis d'un peu loin avec des sentiments confus d'admiration passionnée. Elise du Plessis avait le génie de l'amitié. Quarante-cinq ans plus tard, écrivant à l'une de ses petites-filles à Lausanne, elle dira avec vivacité : « J'aime à penser que ma petite-fille est heureuse là où j'ai été si heureuse moi-même ! »

Cependant à Nyon, au Viez, la vieille grand'-mère maternelle, Mme de Montet, n'était pas sans inquiétude sur la nature et l'influence de ces attachements nouveaux. Et tout en envoyant à sa « bien chère Elise », le 6 février 1845, deux écus de cinq francs pour son usage, elle lui « mandait quelques conseils », non toutefois sans l'humilité de l'enfant de Dieu qui, à toute heure et quoi qu'elle dise, se sent pécheresse ; elle a en outre « le rhumatisme au cerveau et les doigts tremblants », mais elle écrit :

« Je n'ose guère donner des conseils que je ne suis pas toujours comme je le voudrais : Je ne puis cependant m'empêcher de désirer vivement que tu ne te livres pas trop aux charmes d'une confiance intime avec celles de tes amies dont l'imagination est la faculté dominante, et celles dont l'esprit est plus aiguisé que la conscience n'est éclairée par des principes religieux. Il y a si peu de gens capables d'aimer avec quelque dévouement, ou même avec une entière bonne foi, si je peux m'exprimer ainsi. — Le bon Dieu te garde, ma bien chère enfant, c'est ce que je lui demande chaque jour et nuit pour toi et aussi pour vous tous ; car la prière est un grand soulagement pour les vieilles gens et en général pour tous ; c'est un baume pour l'âme... »

Pauvre Mme de Montet ! On ne saurait, en effet, trop se mettre en garde contre les entraînements de « l'imagination ». Mais on ne prévoit jamais tout ; et « les charmes d'une confiance intime », dont parle avec réserves la vieille dame, peuvent être entendus dans plus d'un sens... L'heure approchait où la jeune fille, âgée de 19 ans, allait rencontrer celui qui deviendrait le compagnon bien-aimé de toute sa vie et lui donnerait son heure de complet épanouissement : Edmond de Pressensé, attiré à Lausaune par l'étoile de Vinet.

Laissons, dans cette occasion tout intime et presque sacrée, laissons la parole à celle qui devait plus tard grandir entre eux deux et que Mme de Pressensé appellera avec une nuance charmante : sa meilleure amie.

Il est, un peu à l'écart de la ville, une maison

dite « le Belvédère », propriété de la famille Gindraux de Lausanne, d'où la vue est admirable sur le lac bleu et les montagnes de Savoie. C'est là, c'est dans ce cadre poétique, que se rencontrèrent pour la première fois Elise du Plessis et Edmond de Pressensé, son aîné de trois ans.

« C'était à un souper de jeunesse et le hasard les mit l'un à côté de l'autre. La jeune fille, brune, grande, élancée, au regard profond, était ce qu'elle resta toujours : très timide, réservée, ne se livrant guère dans la conversation générale, mais s'illuminant tout entière de la lumière intérieure, lorsque quelque sujet faisait vibrer en elle une corde intime. Le jeune homme, au contraire, animé, cordial, éprouvait le besoin de faire partager chacune de ses impressions et les exprimait de cette voix chaude qui resta toujours jeune. Ils parlèrent de poésie ; il n'en fallait pas davantage : la jeune fille s'illumine soudain, au regard profond et lumineux de ses yeux bruns habituellement voilés par leurs longs cils. Ils s'étaient à peine vus et déjà compris... On peut dire que ce fut en Lamartine, le plus poète des poètes, qu'ils se devinèrent. Ce soir-là commença cet amour qui illuminant la radieuse aurore jetait encore son divin rayon à leur couchant. » L'entrevue devait se renouveler bien des fois, et la sympathie s'accroître sous les auspices de Mᵐᵉ Alexis Forel, à Saint-Prex, leur commune amie.

C'était aller un peu vite en besogne, avec ou sans Lamartine... On convint d'enrayer ce grand amour qui dérangeait certaines combinaisons de famille à Paris. Et lorsque, peu de mois après, Edmond de Pressensé partit pour Berlin, où il allait continuer avec Néander le noviciat commencé aux pieds de Vinet, de par l'autorité des deux familles, les jeunes gens furent invités à passer ce temps de séparation sans communications d'aucune sorte. Ils se soumirent, mais n'est-il pas avec le Ciel quelques accommodements ?... J'entends par là que des amis communs parlaient de l'un à l'autre. Quand ils se rejoignirent après un an, ils se retrouvèrent fidèles comme ils s'étaient quittés aimants. Elle avait vingt ans et il en avait vingt-trois. Leur sentiment eût soutenu d'autres épreuves.

Dans l'intervalle, les rigueurs avaient désarmé et, de Paris, Mme Victor de Pressensé ouvrait son grand cœur maternel à la jeune fille qu'elle n'avait pu s'empêcher d'aimer en son fils, dès la première confidence enthousiaste reçue de Lausanne.

Le mariage eut lieu à Nyon le 26 mai 1847, saison aimée par la fiancée ; il fut béni, non point dans *l'Eglise de tous*, mais dans la chambre haute où se réunissait à l'abri des persécutions la naissante Eglise libre. Ne fallait-il pas accorder cela au futur pasteur de la paroisse de Taitbout, que dis-je au jeune apôtre de l'Evangile et de la Liberté ? Ce 26 mai 1847 un don précieux fut fait par la Suisse à la France ; et un foyer d'amour s'alluma dans un coin du monde. Quoique éteint, ce foyer nous éclaire encore.

Chacun des époux apportait à la communauté des qualités et des talents que l'autre balançait ; ils avaient en outre ce sans quoi la grande loi des contrastes est impuissante à produire le bonheur : une inspiration commune. Je citerai seulement leur amour des causes généreuses, leur enthousiasme pour tout rayon divin où qu'il brillât, et leur immense respect de l'âme humaine. Sous ce dernier rapport, M. de Pressensé fut peut-être le maître ; car dans ses livres et particulièrement dans cette œuvre de loyauté, d'optimisme et de sympathie qui s'intitule : *Le Monde antique et le Christianisme* — c'est le respect de l'âme, tour à tour enthousiaste et grave, qui m'apparaît comme le trait saillant : le respect de l'âme humaine sous toutes les zones (même sous la nôtre), avec ses conséquences immenses de liberté, de justice et d'espérance.

Surtout, chacun des jeunes époux apportait à l'autre son amour. Elise de Pressensé, à l'occasion du jour de naissance de son mari, lui exprima une fois tout son sentiment dans des vers qui avaient pour refrain ou pour titre ces mots : *Enfin, nous nous sommes aimés*. Ces vers ne sont pas destinés à nos yeux qui les profaneraient ; tout ce que nous voulons en savoir, c'est « qu'un regard et un sourire » leur répondit ;

et que, devenue veuve, Mme de Pressensé se les rappelait encore avec douceur comme une preuve du bonheur qu'elle avait su goûter. De son côté M. de Pressensé, au moment de mourir, voudra exprimer sa relation avec sa femme dans une poésie dont il suffit de connaître le beau titre : *L'Absolu*. Oui, la jeune fille devenue jeune femme dut se livrer profondément et ardemment à cette émotion d'amour que son cœur réclamait et que la Poésie lui avait fait entrevoir si grande, sur le banc du chêne. Faut-il penser qu'en s'attachant à un seul elle se soit, pour un temps, détachée de tous ? Que l'amour ait fait tort à la charité ? Non ! Bien au contraire, l'un alluma l'autre à sa flamme ardente ; et, sans vouloir certes amoindrir les joies d'une grande affection partagée, l'un lui fit sentir le besoin de l'autre. A une certaine hauteur, l'essence de tous les amours est identique ; et notre langue française a admirablement rendu cette unité primitive : *Aimer* — elle n'a qu'un mot !

La même année 1847 plaçait Edmond de Pressensé à la tête d'une des églises indépendantes de Paris : Taitbout, qui reçut les premiers jets de sa jeune et cordiale éloquence et où il donna ses forces jusqu'à ce que la voix lui manquât. Le nouveau pasteur et sa compagne s'installèrent pour leurs débuts sous le toit de leurs parents M. et Mme Victor de Pressensé. Echanger le Viez contre une rue de Paris — toute autre campagnarde, devant ce fait accompli, eût poussé des gémissements de biche captive, et brodé sur sa nostalgie des contes charmants. A cet égard encore, Mme de Pressensé ne ressemblait point à Mme de Gasparin. Elle ne soupira pas, et fut heureuse. Paris, par son intense impression d'humanité, dut attirer la jeune femme avant même qu'elle sût combien l'humanité lui était chère ; d'ailleurs elle n'était pas personne à dédaigner l'arbre du square ou la pâquerette étiolée qui croît près des remparts ; toujours elle eut des yeux pour les grâces fines et pour les joies pâles qui sont un des secrets de la grand'ville. Puis, tandis que le séjour du Viez lui avait permis d'acquérir le sens du détail dans la nature, Paris lui faisait connaître les sensations aiguës et brèves. C'est lorsque, par une ouverture des rues infinies, l'œil plonge à l'improviste sur un espace verdoyant : Cluny, le Luxembourg, l'Observatoire ; et qu'on se trouve pour une minute face à face avec ce printemps qu'on ne savait pas à l'œuvre. Émotion charmante ! — Parfois aussi un plus grand morceau de ciel constitue toute la fête. — On n'a pas eu le temps de s'écrier intérieurement : « Vive le printemps ! » que la ligne de la rue s'est reformée. La jeune femme apprit ainsi à jouir de la nature par grandes aspirations ; et c'est un des charmes de ses livres, dans la deuxième période particulièrement, que ces élans vers la nature, furtifs, frais et dilatant l'âme :

« Elle ralentit involontairement le pas, saisie

par la beauté des longues allées en arceaux qui
commençaient à poudroyer d'une verdure tendre
et caressante pour les yeux. C'était le moment
fugitif où le printemps est encore une espérance
autant qu'une réalité : « Avril, doux avril »,
murmura-t-elle à demi-voix en reprenant sa
marche rapide..... »

C'est *Marthe* la sérieuse qui a côtoyé un instant l'Avenue de l'Observatoire.....

Le cercle qui venait de s'entr'ouvrir à Paris
pour livrer passage à la jeune femme méritait
sans restriction le beau nom de famille. C'était
la famille, et ce fut *sa* famille. Ces noms nouveaux de mère, de père, de petite sœur, si difficiles parfois à donner, acquirent pour elle une
rare plénitude de sens. C'est que sa belle-mère
surtout, Mme Victor de Pressensé, était une créature délicieuse ; une vraie révélation du type
maternel. Tout vouait les deux femmes à l'intimité l'une de l'autre. Mme V. de Pressensé n'a-
vait-elle pas été jusqu'à Mlle du Plessis la meilleure amie de son fils Edmond, sa confidente en
tout : poésie, vocation, amour ; son guide aussi
sur ce chemin de la sainteté où elle marchait
elle-même d'un pas si égal et si doux ? On a dit
d'elle qu'elle aurait fait douter du péché, et sa
vie chrétienne semble avoir été parfaite. Autre
lien entre ces deux femmes : la charité ; car c'est
pour échapper à la terrible solution de l'Aumône, — qui sera plus tard un aiguillon dans l'âme
de sa belle-fille, — que Mme Victor de Pressensé

avait fondé, en avant-courrière, l'œuvre de l'Assistance par le travail (1). Elle faisait le bien avec « cet esprit doux et paisible » que toutes les recommandations apostoliques ne sauraient faire revivre à notre époque. Nous avons perdu le sens du recueillement, et ce n'est pas tout à fait notre faute. C'est ce qu'exprime très bien un témoin de ce beau temps, Mme Suchard de Pressensé (2), dans les lignes où elle évoque, autour de la figure de sa mère, tout un cercle d'élite :

« Il y eut à cette époque un groupe de femmes d'une distinction rare qui représentaient le christianisme sous sa forme la plus aimable, la plus attrayante si l'on peut ainsi dire ; leur expression était si douce et si paisible qu'on se sentait attiré vers elles par un charme tout particulier ; il y avait sur leur visage comme un rayonnement d'en-haut, l'empreinte visible de leur piété si pénétrante et si vraie. Comment ne pas nommer ici à côté de Mme V. de Pressensé, Mmes A. de Staël, de Broglie, Lutteroth, Jules Mallet, Jules Hollard, André Walther, de Valcourt, qui forment un cercle si intime et dont l'activité, tout en étant féconde, fut moins enfiévrée que celle qu'il faut déployer aujourd'hui, où tout marche si vite !

(1) Aujourd'hui OEuvre du Travail de la rue de Berlin.

(2) Ce passage et les détails précédents font partie de notes de famille rédigées par Mme Suchard en vue du travail dont elle s'était spontanément chargée (La Vie de Mme de Pressensé). Les matériaux si complets destinés à un monument qu'elle n'a point élevé sont repris aujourd'hui par une autre qui éprouve le besoin de lui rendre hommage.

On fait beaucoup, et de grandes choses, mais le recueillement et la prière occupent peut-être moins de place dans la vie... »

C'était, en vérité, un beau milieu religieux, sans exaltation et, je veux le croire, sans étroitesse, mais avec le caractère de ferveur que donne le libre choix : En effet M. Victor de Pressensé s'était converti du catholicisme au protestantisme dans sa seconde jeunesse, et tous deux (sa femme et lui) avaient embrassé d'un cœur ardent et ferme le vrai Christianisme : l'Evangile ! Ils aimaient, dans la proportion du changement qui s'était opéré en eux et autour d'eux. En effet M. de Pressensé avait aussitôt sacrifié sa position mondaine pour se vouer à l'évangélisation populaire dans la grande ville ; ce fut à ce foyer de consécration que le jeune Edmond vint allumer son zèle. Disons encore que M. de Pressensé père fut un des premiers à soutenir le principe de l'indépendance de l'Eglise que son fils porta si haut, et qu'on le nomme parmi les fondateurs de cette chapelle Taitbout dont son fils, encore, devait être la lumière.

On voyait communément ses salons s'ouvrir pour des réunions d'Eglise, que suivait par surcroît une gracieuse distribution de souvenirs. Chez lui les réceptions de tout caractère se terminaient par la lecture de la Bible et par la prière. C'est dans ce salon sérieux que vint s'asseoir en 1856 Mme Beecher-Stowe, de passage à Paris ; la libératrice que le jeune poète Elise de Pressensé interpellait quatre ans auparavant dans ces vers vibrants :

« Jamais je ne verrai les traits de ton visage,
Jamais mon œil ému s'arrêtant sur le tien
Ne pourra te parler en son muet langage ;
Jamais, hélas ! ma main ne pressera ta main.
Et cependant, voici, j'ai vécu de ta vie...
Ton cœur, ton noble cœur a battu dans mon cœur,
Ton âme m'a versé des flots de poésie,
Et tout bas, en pleurant, je t'appelle ma sœur ! »

(1852. Poésies.)

Sur les premières années d'Elise de Pressensé à Paris, période tout intime, les renseignements n'abondent pas ; ils ne sauraient abonder : les individus heureux n'ont pas d'histoire. Mais à la lumière d'un seul document, je juge que ce fut un temps purement heureux, un temps presque léger. Vivant chez ses beaux-parents, la jeune femme ne connaissait même pas le souci matériel d'un ménage à tenir ; la grande question : « Que crois-tu ? et que faut-il que tu croies pour pouvoir agir sur autrui ? » ne s'était pas posée pour elle avec toute sa puissance tragique ; et la responsabilité de la souffrance humaine n'était pas encore retombée de son poids de plomb sur son jeune cœur. Pas encore ! Elle aimait, elle était aimée, et elle se laissait épanouir par toutes ces affections dont l'une au moins — et la plus charmante — était encore à l'état d'espérance. Le document dont j'ai parlé est une lettre adressée par elle, en juin 1848, à

Mme Marie Galliard de Lausanne qui attendait son deuxième enfant ; de son côté elle préparait un berceau. Le cœur gonflé par la même attente, les deux amies plus unies que jamais avaient beaucoup à se dire ; aussi la causerie est-elle longue ; douce, simple et sérieuse lettre, où la candeur juvénile se mêle sans cesse à la maturité. Ainsi elle parle gravement de se préparer à ses nouveaux devoirs en lisant l'*Éducation*, de Mme Necker, avec le sentiment judicieux d'un triage à faire entre « de très bonnes choses à prendre, quelques-unes à laisser et un assez grand nombre d'irréalisables ». D'autre part, elle a vingt-deux ans, et tout cela est si délicieusement nouveau ! La voici donc s'adressant à son amie, sous son air de gravité même, comme une fillette qui joue à la poupée avec une autre...

« Je me vois en face de nos belles Alpes et de notre tranquille Léman avec toi, ma chérie, un joli petit enfant sur tes genoux, un autre jouant près de toi, et faisant toutes deux des comparaisons maternelles entre le premier de ces petits trésors et celui que je tiendrai dans mes bras... »

Ces pages sont pétries de fraîcheur juvénile !

Elle parle de son mari avec un sentiment pénétré : « celui avec qui on partage tout », et de ses beaux-parents avec tendresse. Précisément, ceux-ci sont absents au moment où elle écrit (séparation légère qui sera suivie d'un essaimage accompli par les jeunes), et pour la première fois

elle se trouve, non seulement maîtresse d'une
maison à Paris, mais encore seule compagne de
son mari ; avec un joli mélange de joie discrète
et de regret elle écrit : « Nous sommes depuis
huit jours seuls à Paris, nos parents nous ayant
quittés pour la campagne où nous ne pensons pas
les rejoindre avant le mois de juillet, parce que
Edmond étant pour le moment seul pasteur de
la chapelle ne peut pas s'éloigner. J'aime notre
tête-à-tête et je suis bien aise d'en faire l'essai,
et cependant nos chers parents, notre chère maman surtout me fait un grand vide. Je sens bien
qu'il y aura un sacrifice à faire pour les quitter.
Je suis pour la première fois à la tête d'un ménage, bien petit il est vrai et qui ne me donne
pas beaucoup de peine, mais enfin c'est toujours
une sorte d'apprentissage pour l'avenir, et je
vois déjà combien, pour vivre à Paris avec une
petite fortune, il faut de combinaisons et d'en-
tente... Je n'avais pas cru pouvoir jamais mettre
autant d'intérêt à ces choses-là, mais le devoir
et la responsabilité changent tout... »

Voilà le mot sérieux, la parole forte.

« J'ai commencé en même temps à vivre un
peu plus en femme de pasteur », ajoute-t-elle,
« il m'a fallu un peu de courage pour faire le
premier pas, j'ai fait des visites aux dames du
troupeau de mon mari, nous avons une réunion
de travail et d'édification dans laquelle je fais
des efforts inouïs pour dire quelques paroles
dans une conversation générale qui suit la lec-

ture de la Bible, j'espère que la simplicité de cœur me viendra. Maintenant que j'ai commencé, quoique ce soit bien petitement, *je sens que ce n'est que dans cette vie-là que je serai vraiment heureuse.* »

Retenez cet aveu d'une jeune femme qui en est à son treizième mois de mariage et qui semblait tout à l'heure dominée par l'espoir de la maternité. A un moment de calme et d'absorption morale pour toute autre, l'aiguille de son cœur s'agite, et on peut prévoir déjà quelle sera l'orientation de sa vie. Ne regrette-t-elle pas d'avoir passé son premier hiver de bonheur « sans devoirs positifs », et avec trop de temps « pour *s'occuper de soi ?* » (le mot signifie quelque chose).

Il y a donc de tout dans cette lettre unique, même un son martial, un air de Révolution, prélude aux terribles journées de juin : elle est interrompue deux fois par la générale qui bat sous ses fenêtres, par le roulement des tambours, les éclats de la musique militaire et des rumeurs de foule. Elle essaie de s'en abstraire en continuant à causer avec son amie, mais les proportions de l'incident grossissent ce jour même, et il est décidé que la jeune femme avec son mari ira s'abriter à Saint-Germain pour la nuit.

Puis brusquement les vagues s'apaisent, le séjour de Paris redevient possible, et tranquillisée à demi, Elise de Pressensé lève ses yeux vers le « Dieu de paix » qui est aussi le « Dieu des miracles ». De plus en plus passionnément, elle vibrera à ces émotions. Dès maintenant, il m'a paru naturel et beau d'entendre à travers ses confidences de jeune femme les grands battements saccadés de cette vie nationale française qui, un jour, retentiront au profond d'elle-même. Les éclats de la musique guerrière dominant, sans l'interrompre, son rêve maternel, n'est-ce pas toute sa vie ou du moins la meilleure partie de sa vie ? 1848 la prépare pour 1871.

Il est un autre document, contemporain de celui-ci à peu de mois près, dont l'intérêt est grand pour nous à un point de vue différent : nous avons là Mme de Pressensé extérieure, considérée objectivement sans préventions sympathiques, telle qu'elle apparaissait dans le monde au premier puis au second regard, avec sa silhouette de femme distinguée, les agréments de sa personne et son enveloppe de réserve presque défensive — déguisement juvénile d'une timidité qui devait se faire de plus en plus douce avec l'âge.

Une première rencontre avec elle, c'était une scène dramatique : saurait-on éveiller la flamme qui couvait en elle ? Si oui, on était son ami, son amie. Les pages suivantes nous renseignent utilement sur un second point : à savoir, sur l'ardente pitié humaine qui commençait à agiter fortement, quoique peut-être encore secrètement, la jeune compagne du pasteur de Taitbout, disons le mot, sur ses impulsions socialistes,

N'avait-elle pas été touchée par la grande espérance puis par les déceptions amères de 1848 ? Nous sommes à Lyon, et deux femmes remarquables destinées à devenir de grandes amies marchent l'une au-devant de l'autre dans le salon de M. Evesque :

« Le salon était plein au moment de mon arrivée (1). J'y rejoins quelques amis, puis M. de Pressensé m'apercevant m'amène sa femme. Je la vois encore s'avancer vers moi ; très grande avec une belle tête accentuée et régulière, un teint mat, des cheveux châtains arrangés en bandeaux plats, des yeux bruns extraordinairement expressifs, dérobés sous les cils, comme si elle en redoutait la flamme. Elle marche d'une allure lente et contenue et me tend une main pleine de réserve. Nous nous asseyons ensemble à l'extrémité du salon. Quel contraste avec son mari si ouvert, si vivant, si cordial ! Cet abord me déçoit un peu. Cependant il y a, dans toute sa personne, un je ne sais quoi qui ne peut laisser indifférent. On m'a parlé d'elle, non sans une nuance de critique, comme d'une personne supérieure mais légèrement bas-bleu adonnée à la politique, chose qui n'est guère de mise chez une femme de pasteur. Cette particularité, toutefois, loin de m'effrayer, m'attire. Je m'efforce donc de rompre la glace. Comme elle

(1) Fragment extrait des Mémoires non encore publiés de Mme C. Coignet, 1849.

demeure silencieuse, je lui parle, la première, du
sermon que j'ai entendu de son mari, si plein
d'ardent patriotisme. Puis, voyant qu'elle ne se
déride pas, j'insiste sur nos douloureuses luttes,
dans lesquelles je me sens doublement engagée
par mes affections et mes liens de famille :
Victor Considérant poursuivi alors est, par sa
femme, mon cousin germain, et je l'ai connu dès
l'enfance. Entendant prononcer ce nom socialiste, Mme de Pressensé me regarde pour la
première fois. Elle semble s'émouvoir, me questionne : Je suis donc en relations avec l'école pha-
lanstérienne. Est-ce que j'en partage les vues?
— Oui, au moins dans une mesure. Je lui parle
alors du passé qui m'y rattache puis de mon
christianisme nouveau, du rapport que je vois
entre certains points des deux doctrines.

« Au fur et à mesure de ces paroles, son aspect
change peu à peu. Elle écoute, me questionne
encore, puis l'entretien passant des personnes aux
idées, elle s'anime, s'échauffe. C'est une transformation complète. Chaque fibre de son visage
immobile me dit maintenant quelque chose et,
de ses yeux qu'elle ne baisse plus, jaillissent des
étincelles. Une ardeur généreuse vibre dans la
voix, toujours cependant un peu voilée et basse.
Parlant de la lutte, elle se montre tout entière
acquise aux vaincus et prononce sur les vainqueurs
des jugements sommaires et terribles.

« Ainsi, pendant plus d'une heure, se poursuit
l'entretien dans un coin perdu de ce salon où

heureusement on nous oublie. M. de Pressensé cependant finit par nous rejoindre. Nous échangeons encore quelques mots, puis vient la séparation. Tous deux partent le lendemain pour Paris ; mais nous nous promettons de nous revoir.

« Notre amitié née de ce jour a traversé fidèlement une existence déjà longue. »

Je serais étonnée de rencontrer dans les lettres de Mme de Pressensé de si rares allusions à une timidité dont elle dut souffrir, si, précisément, le silence ne révélait le degré de sa souffrance. Voici à peu près tout ce que je lis sur ce sujet :

« Je ne trouve rien de plus ennuyeux que de visiter un atelier quand le peintre y est... Mes impressions qui ne sont jamais très expansives *deviennent alors littéralement souterraines.* »

« Vous m'avez ouvert votre foyer et je n'ai pu un seul instant avoir le sentiment d'y être étrangère. Si vous me connaissiez mieux et si vous saviez *de quelle couche de glace une certaine timidité recouvre mes impressions,* vous comprendriez que c'est un petit miracle que vous avez fait. »

« Vous savez que je ne sais pas toujours me créer cette liberté (de vie). *L'absence de sympathie suffit pour me l'ôter,* ce qui est une misérable faiblesse. »

« Je sais que par timidité ou par paresse, je suis une des personnes qui passent dans la foule sans rien toucher » (elle !).

Ces quelques fragments jettent un jour sur plus d'une appréciation étrange dont Mme de Pressensé fut l'objet pendant sa vie et après sa mort.

Quant aux jugements « sommaires et terribles » relevés par Mme Coignet, voici ce qu'elle-même déclare :

« Le juste milieu est superficiel ! »

— Les années de 1848 à 1854, années de force et d'activité, sont consacrées particulièrement à la famille et lui font faire quatre fois l'expérience de la maternité, expérience intime et profonde.

Elle-même pour elle-même conserve les premiers sourires, les premiers mots et les premiers gestes caractéristiques de ses trois enfants dans un cahier gracieux et sérieux : son Journal de mère, qui doit aussi l'exciter à bien remplir son devoir. Car sa fille aînée a trois, quatre, cinq ans, et c'est proprement la grande éducation qui commence. A l'âge où une mère ordinaire en est encore à jouer avec ses enfants, Elise de Pressensé prie pour eux, veille sur eux, lit à toute heure d'un œil anxieux dans leurs petites âmes mal éveillées, son grand amour aiguisant encore ses facultés naturelles d'observation. Nous reviendrons plus tard sur ce beau document, où transparaît une âme limpide tout simplicité et tout droiture qui ne veut rien créer que de simple, de vrai, et de droit. Quelle joie lui cause un de ses enfants quand elle peut constater qu'il a senti au-delà de ce qu'il a exprimé! Son noble et constant souci, comme éducatrice, sera de ne jamais développer les qualités de ses enfants « dans le sens qui lui est sympathique ». Ils ne sont pas des fleurs qu'elle destine à l'ornement de son jardin. Et lorsque par exemple sa fille aînée, âgée de deux ou trois ans, la voyant souffrante, viendra s'asseoir à côté d'elle en lui tenant la main avec tous les signes d'une sollicitude passionnée, cette mère de vingt-quatre ans, se ressaisissant après la première impression douce, se promettra de ne jamais exalter à son profit une sensibilité aussi vive.

Voilà pour l'existence intérieure, la plus importante, mais non la seule. Dans les mêmes années, elle assistait comme s'il se fût agi de sa propre vie aux convulsions nationales : Après les grandes espérances humanitaires de 1848, la douleur patriotique du coup d'Etat et l'impatience contre un « joug odieux », toutes deux tempérées cependant par la joie de constater tant de résistances vivaces au sein de la nation.

Un autre élément du dehors : les pauvres, tiennent également une place dans sa vie. A la porte de la jeune femme de pasteur commence à se former ce défilé de misères toujours grandissant qu'elle recevra, écoutera, chaque matin pendant des heures et qui la laisseront vers midi stupéfiée de tristesse et de remords. Elle n'en est pas à ce degré… Cependant, voyageant en Italie, c'est cette préoccupation qu'elle emporte, et qu'elle retrouve partout comme une hantise, à la porte des villas, des musées, des temples, au seuil de toutes ses jouissances, sous la figure de ces haillons que d'autres voyageurs ont jugés pittoresques, mais qui lui apparaissent à elle *tragiques*.

— Oui, en 1854, au premier printemps, son mari l'entraînait vers l'Italie. Il avait fallu pour cela consentir à se séparer de ses enfants, dont le dernier commençait à peine à se passer d'elle : — un regret, presqu'une douleur. Mais elle fut assez forte pour subordonner sa sollicitude immédiate au devoir plus vaste d'étendre ses horizons. Ce devoir est double pour une mère. Cependant là-bas à Rome, à Naples, à Florence, en pleine extase, les bonnes nouvelles reçues de ses bien-aimés seront l'atmosphère lumineuse où se profileront les choses (l'image est d'elle); elle aura « le mal » de ceux qu'elle aime ; et un petit service d'enfant aperçu dans je ne sais plus quelle villa romaine lui rappellera avec intensité « ce qu'il faudrait pouvoir oublier pour jouir tout à fait... »

Donc ils étaient partis heureux sinon légers, leurs deux cœurs bien unis débordant de poésie ; et voici qu'au long des chemins les choses leur renvoient la beauté morale qu'eux-mêmes ont projetée sur elles. Ils naviguent sur la Méditerranée, grisés de bleu, font escale à Gênes, arrivent à Rome en voiture par la grande porte, sous la bénédiction du pape qui passe, et avec des sanglots d'émo-

tion dans la gorge. Rome c'est un enivrement
grave. Puis elle va poursuivre et spiritualiser
son rêve sur les rives du lac Némi auquel son
âme se promet, escalade le Vésuve, et termine
à Florence, qu'un voile de fatigue lui recouvre
en partie, cet étonnant voyage au cours duquel
elle a déployé une vaillance physique poussée
jusqu'au mépris du corps. Je surprends dans son
Journal, qu'elle appelle en souriant : « un beau
dévouement », quelque irritation contre l'inévitable dîner qu'il faut avaler chaque soir, après
le Colisée ou les Catacombes ! Cette amie de la
grande beauté antique est, en voyage, une stoïcienne ; elle vous plonge dans une humiliation
dont elle ne vous relève un peu qu'en se plaignant
de l'effet du vent sur ses nerfs. (« Le vent me
semblait gémir par la bouche des statues. ») Il
y a de la sensitive chez notre héroïne ! Assurément, elle subit l'ensorcellement de la nature
italienne « si belle qu'elle suffit presque à nous
satisfaire », écrit-elle non sans un regret de son
âme chrétienne. De son Journal de Voyage, je
dirai, comme de son petit cahier de mère, qu'une
âme simple et droite s'y révèle dans sa royale
limpidité. Ecoutez-la :

« L'important pour un Journal, c'est d'être
vrai, et j'espère ne jamais rien sacrifier au désir
de paraître plus connaisseur et plus artiste que
je ne le suis. » Elle !

Avec un mélange de franchise et de modestie,
elle formule et son admiration pour Fra Angelico

et Raphaël et son inintelligence de Michel-Ange
dont l'extraordinaire génie lui paraît manquer
de tendresse. Ces jugements qui revêtent souvent une forme parfaite sont peu semblables,
en dépit de leur sincérité, aux verdicts rendus
jadis par certaine « Bande » frondeuse. Aucune
bravade, pas la moindre prétention à étonner
le monde ! Le cœur rempli d'émotions ardentes
et de souvenirs délicats, respectant ses jouissances
comme les fleurs qu'elle cueille, la jeune femme
se dirige à travers Rome et l'Italie sans dépouiller
un instant son charme féminin, sans dépouiller
non plus le grand sentiment de sa responsabilité :
Devant les compositions parfaites qui laissent
l'œil et l'esprit ravis, au pied des beaux marbres,
elle s'est souvenue de l'humanité...

« La seule pensée que toutes ces choses puissent
un jour s'effacer de ma mémoire m'attriste beaucoup... L'oubli de ce qui nous a vivement im-
pressionnés et de ce que nous avons beaucoup
aimé est comme une mort partielle de notre être » ;
écrit la voyageuse, au moment de regagner son
foyer. Son absence avait été vivement ressentie
par tous, par les petits surtout ; quelques
semaines après son retour, sa fillette lui disait
encore avec intensité : « Je crois que tu es encore
en Italie et que je rêve en croyant te voir... »
joli mot mouillé de larmes.

L'année qui suit (1855) lui donne et lui enlève
un enfant bien aimé dans l'espace de trois mois.
Ainsi va la vie, dilatant aujourd'hui nos cœurs

par la jouissance pour les préparer à souffrir davantage demain.

Le récit de ce sacrifice est consigné dans la deuxième partie de son Journal de mère, avec une douceur extrême qui enveloppe les accents de la souffrance presque jusqu'à les étouffer. C'est, porté quelques tons plus haut, « le Moissonneur et les Fleurs » de Longfellow, et on comprend qu'elle ait aimé le doux poète qui interprétait ainsi la mort. Les mains de Mme de Pressensé serrées si fortement autour de ses enfants s'entr'ouvrent sans révolte, pour laisser partir celui que Dieu veut et qui, en s'élevant au ciel, en rapprochera tous leurs cœurs. Déjà elle se réjouit d'entendre le second de ses petits garçons interpeller ainsi les rayons de soleil qui frappent à la fenêtre : « Petit Henri, cher petit Henri… ! »

Le blanc poème de cette maladie et de cette mort eut pour cadre Ville-d'Avray où M. et Mme de Pressensé passaient leurs étés avec leur jeune famille ; et la seule révolte de la mère, pendant que son enfant agonisait, lui vint d'un regard jeté sur le cimetière encadré par les bois. Contradiction des cœurs, la vue de ces ombrages paisibles réveille en elle l'instinct farouche, et elle voudrait fuir avec son enfant dans les bras ;

« Fuir loin de ce petit cimetière de Ville-d'Avray où dès le premier jour que je l'avais aperçu derrière sa ceinture de bois, j'avais senti que nous laisserions quelque chose de nous… »

Puis, voici le retour de la note douce : « Mais Dieu me fit bientôt sentir que partout nous étions dans sa main paternelle. »

Et simplement, saintement agenouillée avec son mari près du berceau de leur enfant, elle accompagne en mère, en chrétienne, en poète, la petite âme chérie « que nous n'avons pas connue mais que nous connaîtrons un jour ».

Ce quatrième enfant avait été de tous le plus impatiemment attendu, le plus joyeusement salué. « Son apparition l'avait calmée », dit-elle ; par son départ il la pénètre d'harmonie. Elle est heureuse de sentir qu'il grandira « sous le regard de Jésus, » et cette douce parole prend un sens tout nouveau pour elle : « Laissez venir à moi les petits enfants. » Quant à la séparation, elle ne s'est jamais sentie éloignée des morts comme des vivants ; si elle l'avait moins aimé, elle souffrirait davantage...

Moins de trois ans plus tard, dans ce même Ville-d'Avray, une des portes de la vie se rouvrira pour livrer passage à la plus exubérante, à la plus charmante des créations fictives — à *Rosa*. Rosa ! sur combien de fronts ce nom ne fera-t-il pas lever un sourire ? C'est tout le charme des premières lectures qui revit !

Mme de Pressensé avait préludé à son métier d'écrivain en traduisant avec aisance (1853) le roman dès lors célèbre de Miss Wetherell : *Le Monde, le Vaste Monde*, dont le titre dit si bien l'immense mélancolie indéterminée et le charme de vieille, vieille mélodie à faire pleurer. L'enfance solitaire et douloureuse de la petite Ellen arrachée du sein de sa mère et projetée dans *le vaste monde* sous sa robe de mérinos gris, quel sujet pouvait toucher davantage Mme de Pressensé ? Il l'inspira. Car il serait absurde de prétendre que ce livre, qu'elle dut pénétrer intimement par la traduction, n'exerça aucune influence sur le jeune écrivain cherchant sa voie. L'histoire de *Rosa* ne doit-elle donc rien à celle d'*Ellen ?* Sans doute Mme de Pressensé a eu pitié de tous les petits cœurs que la lecture du « *Vaste Monde* » avait gonflés et serrés ; et, contrairement à son génie, elle a atténué cette grande tristesse ambiante pour faire saillir aussi, dans sa grâce saine, l'irrésistible *Rosa*.

C'est ainsi que « tante Fortune », célèbre dans le monde entier par ses pâtés et par ses rigueurs ! s'est adoucie jusqu'à devenir l'inoffensive tante Darcy ; M. Van Brunt a passé le jupon et le bonnet pointu de Marthe... Quant à la douce Alice Humphrey, elle a mué en la personne de Mme Reynolds, dont la piété est moins fade et moins abondante. *John* a disparu : ce personnage de roman, autoritaire, sermonneur et captivant tout à la fois, avait le don d'exaspérer Mme de Pressensé qui le retrouva quelques années plus tard dans *les Collines du Shatemue*, du même auteur, traduit par elle encore... fort librement ! Trente ans après, elle ne pouvait parler avec calme du message d'adieu laissé par le héros du livre à la femme qu'il aime : « Petits enfants, gardez-vous des idoles !... »

J'en reviens aux deux histoires parallèles : Le mérinos gris d'*Ellen* est devenu bleu pour *Rosa*, ce qui signifie quelque chose. Mais à cela se borne la relation entre les deux figures ; car *Rosa* est une création qui ne relève que d'elle-même ; c'est *la* création ; elle se détache au premier plan et en relief sur toute l'œuvre subséquente de Mᵐᵉ de Pressensé, belle rose au cœur pourpre qui s'est entr'ouverte par hasard dans les plates-bandes de tante Darcy ; dépaysée elle aussi, solitaire, mais qui se fait un grand bonheur avec sa seule jeunesse et quelques miettes de bonté qu'on lui jette. C'est l'enfance ! Il y a un tel coloris sur ses joues, et dans son âme une telle sève de gaieté, d'espiéglerie, de bonté un peu folle et finalement de sérieux, qu'en la considérant, cette ravissante enfant, on se dit comme devant certaines créations parfaites de l'horticulture : « C'est la première... »

Rosa est née à Ville-d'Avray, moitié dans le voisinage des belles allées en berceaux et des frais taillis voilés de dentelle blonde, moitié dans la petite chambre où Mᵐᵉ de Pressensé s'enfermait pour écrire pendant les belles après-midis d'été qui précédaient le retour quotidien de son mari. Un jour, elle s'arme de courage et lit un peu de ce qu'elle a composé à sa jeune cousine, Mᵐᵉ Eugène Bersier, qui partage intimement sa vie. « Crois-tu ? » répond-elle aux encouragements enthousiastes de sa confidente.

« Crois-tu ? » comme c'est bien le mot de sa vocation étonnée et de son succès auquel elle ne
croira pas encore dans sa vieillesse ! Quand le
train de Paris arriva, ce soir-là, on la trouva toute
rose et tout émue sous un air de mystère. La
sympathie d'une seule âme l'avait sacrée écrivain. Elle avait alors trente-deux ans ; l'hôte
endormi avait attendu jusque-là pour revêtir,
comme Peau d'Ane, sa robe couleur de printemps...

Dès lors, le charme est rompu ; en 1861, elle
donne la riante *Maison Blanche*, dédiée plus
spécialement à son fils qui grandit. Cependant,
dès avant cette date, la vie heureuse de la jeune
femme se complique et se charge dans une
mesure toujours croissante, qu'elle soit à Paris
ou à la campagne. Ses enfants, dont elle a quatre, absorbent en grandissant une plus large part
de son temps et de ses pensées vigilantes ; c'est
elle qui donne aux aînés leurs leçons et qui lit
à toute heure leurs petites pensées au transpa-
rent de leurs âmes. Bien qu'elle les élève fort
librement, sans permettre que leurs cœurs connaissent jamais ce froissement de la contrainte
dont elle a souffert, elle a pour chacun d'eux
un idéal précis, un grand idéal qu'on trouvera
formulé sous les trois initiales : A. H. — A. V.
— A. F. dans ses *Poésies* ; ou plutôt, c'est un
seul idéal d'amour qui se nuance, pour le jeune
homme, d'ardeur chevaleresque, et pour la femme,
de tendresse. » Etre homme, le sais-tu, ce n'est

pas peu de chose ! » dira-t-elle à l'aîné de ses fils (*Esto Vir !*) C'est d'eux surtout qu'elle attend beaucoup : ne représentent-ils pas sa part d'influence dans le monde? Ils la réaliseront, c'est elle qui l'espère. Et tandis qu'elle est tentée de se demander en regardant sa fille adolescente : Sera-t-elle heureuse ? — Elle se dit de ses fils : Il faut qu'ils soient forts ! — assez forte elle-même pour prévoir le temps prochain où les intérêts supérieurs de leur éducation exigeront d'elle qu'elle s'efface devant l'autorité du père. Elle s'effacera. Elle-même reconnaissait un jour qu'elle avait quelque chose des mères de Sparte !

Comme si ce n'était point assez d'une maternité ainsi comprise, des pensionnaires font irruption dans sa vie de famille : futurs disciples ou jeunes élèves de M. de Pressensé, parmi lesquels on cite MM. Ch. Babut, Gabriel Monod, Tommy Fallot, etc., ils viennent s'asseoir à sa table, et vous pouvez croire qu'elle ne se contente pas de dispenser la nourriture du corps à cette jeunesse étrangère. « J'aime assez ce qui me donne *un être humain de plus* », dira-t-elle, ennoblissant sa tâche. L'un de ces jeunes gens de 1860, M. Gabriel Monod, apprécie ainsi, dans une brochure récente (1), le charme de cet intérieur dont Mme de Pressensé était le parfum, si son mari en était la couleur (tous deux en étaut la flamme) :

(1) *Souvenirs d'adolescence.* Paris, librairie Fischbacher, 1903.

« J'ai passé sous leur toit deux années incomparables, dans une disposition constante d'enthousiasme et de ferveur, enthousiasme pour les idées, pour la poésie, l'art, la philosophie, la politique ; ferveur au travail, ferveur religieuse, ferveur de charité. »

Dans les années qui suivent, M. de Pressensé sera souvent parti pour l'Allemagne, la Belgique ou ... la Palestine, laissant sa jeune femme accablée, puis écrasée sous une double tâche. Est-il à Paris ? la porte de sa maison s'ouvre largement comme son cœur, tout chez lui étant généreux, et son salon attire comme pourrait le faire un *brasero* allumé sur une place en hiver ! C'est bon, c'est beau ; mais n'oublions pas que dans le domaine de l'hospitalité, rien ne se fait sans le concours de la femme et qu'aux dépens de son repos. N'être jamais seule ! Elle-même a installé la charité au centre de sa vie. Pauvre vocation littéraire ! Comme de plus en plus au cours des années, il faudra qu'elle vole sur son sommeil, jamais sur ses devoirs, le temps à y consacrer ! Ce sera même une de ses souffrances secrètes. Déjà sous les voiles transparents d'un avenir prochain apparaissent les figures de *Thérèse* et de *Marie Hersant* (« *Le Journal de Thérèse* », 1864), première révélation complète de la personnalité que nous avons vue s'élaborer lentement (c'est-à-dire que nous l'avons devinée s'élaborant).

Désormais, la vie de Mme de Pressensé cesse

d'offrir des contours précis, ses rares évènements étant plutôt le reflet de dispositions morales qu'il convient d'étudier à part. Ah! certes, il nous en coûte de fractionner un caractère et une vie dont toutes les parties sont si étroitement liées et si intimement correspondantes que le biographe en désespère. Comment, en effet, isoler des notes qui sont toutes les harmoniques les unes des autres, et composent, d'une extrémité à l'autre de la vie, un immense accord aux sonorités grandissantes ? Consolons-nous, cependant, et que ceux qui l'ont admirée dans sa belle unité se consolent ; dans chacune de ces divisions artificielles que le livre impose, nous aurons la joie de la retrouver *tout entière*.

CHAPITRE II

« Il y a un moment dans toute vie sérieuse,
et pour les uns c'est dès l'entrée dans la lice,
où les sentiers battus ne sont plus assez larges,
où le toit paternel est trop bas comparé à l'infini qui s'étend au dessus de nos têtes, où les
anciennes formules, les confessions de foi, les
croyances soigneusement étiquetées semblent
trop étroites et sont, ou bien rejetées, ou trans-
formées en réalités vivantes et personnelles... »

« Ce ne sont pas des opinions, ni des théo-
ries, mais des *convictions*, une partie de notre
être, de nos habitudes de pensée et de vie, une
source de lumière... Pour ces vérités-là, on renonce joyeusement, s'il le faut, à l'amitié, à
la sympathie, à la réputation, à toutes les espérances terrestres. Elles ne dépendent pas de
l'exactitude d'une opération intellectuelle, mais
du verdict des plus hautes puissances de
l'âme. »

F.-W. ROBERTSON.

L'évolution religieuse et morale. — Croire pour agir ;
agir pour croire. — L'épreuve de la foi par la vie
pratique : les deuils ; noble manière de les conce-
voir.

Tous ceux qui ont lu Mme de Pressensé, surtout
dans ses ouvrages pour la jeunesse d'un christianisme si pénétrant, tous ceux qui l'ont ap-
prochée à quelque époque que ce fût, ont ressenti
l'impression d'une grande foi admirablement
réalisée ; et s'ils avaient eu des doutes, en parti-

4

culier sur l'amour de Dieu, ils les lui auraient spontanément apportés, pour qu'elle les convertît en certitudes. Cette foi, qui existait aux yeux de Dieu comme aux yeux des hommes, elle seule ne la reconnaissait pas pour son bien ; et ce fut l'œuvre intense, accablante et parfois désespérée de toute sa vie que d'essayer d'en acquérir les éléments. Sa correspondance en fait foi. Noble âme riche qui se croyait pauvre et s'écriait vers 1865 : « Je n'arriverai jamais à avoir ce qu'on appelle de la piété. » De la piété ! Il est vrai que les mots avaient pour elle une rare plénitude de sens ; elle ne fit jamais cas que des vérités qui se vivent absolument, en toute occasion, jusqu'au fond.

A quelle époque commença ce travail de la pensée, sourd d'abord, où le cœur jetait sa note éperdue ? Sans en avoir les preuves, je me doute que ce fut peu de temps après avoir posé le pied sur la terre française alors inspiratrice de toutes les libertés. Elle l'affirme : « Si la Suisse lui a donné « *la Philosophie de la liberté* », la France lui en a donné la pratique. » Longtemps elle avait vécu à l'étroit ; l'atmosphère cordiale de Lausanne en 1845 n'avait pas suffi pour dilater ses poumons avides ; il lui fallait de plus grands espaces balayés par l'air du ciel... La jeune femme ne prend possession d'elle-même qu'en devenant française ; et son premier acte d'âme libre est, si j'ose dire, de douter ! doute noble, doute courageux, qui n'est qu'une suspension momentanée de la foi, en vue d'obtenir plus de lumière. Vous rappelez-vous, dans sa lettre de juin 1848 à son amie, le petit mot révélateur sur ce qu'elle souhaite d'avoir « moins de temps pour s'occuper d'elle-même » ? premiers grondements de la pensée qui s'éveille. A ce moment déjà l'action lui apparaissait comme le salut.

Chaque grande tendance de l'esprit humain, chaque interprétation nouvelle du christianisme a ses hérauts, âmes solitaires dont l'instinct a devancé les saisons. La plupart des réserves que formule dans des lettres intimes, avec douceur et douleur, Mme de Pressensé : sur le sacrifice expiatoire de Jésus-Christ, sur la prière, sur le pardon, sur la résurrection des corps, inouïes en 1860, bénéficient aujourd'hui d'une tolérance plénière, si même elles ne sont pas acceptées par le grand nombre. A cet égard comme sous le rapport de la charité, Mme de Pressensé fut un précurseur ; or la société est dure aux précurseurs... On ne l'épargna pas dans le cercle de ses amis et jusque dans celui de la famille, écrasant sous l'accusation de scepticisme celle qui ne demandait qu'à croire et à adorer, et arrêtant sa plume d'écrivain au nom de l'orthodoxie lésée. Il faut donc qu'elle lutte seule. D'ailleurs, tant que durera le tragique débat, pourra-t-elle être autrement que seule vis-à-vis de son Dieu dont elle essaye de concilier l'Amour infini avec l'infini de la souffrance ?

D'autres eussent soutenu la même épreuve,

tout en sauvant leur petit bonheur intime. Nous vivons si commodément à côté de nos doutes ! nos impuissances à croire et à comprendre nous trouvent si consolés ! Elle — et c'est un de ses titres de noblesse — consentit à laisser troubler dix années de sa jeunesse, et les plus belles, celles où l'amour sourit, par l'angoisse religieuse portée à son maximum. Voici ce qu'elle déclare confidentiellement à celui dont la pensée l'a enfin affranchie pour un temps, M. Charles Secrétan (année 1866) :

« Pour savoir combien je vous dois, il faudrait que je puisse vous dire combien j'ai été malheureuse et déchirée par les contradictions intérieures *pendant dix longues années*, celles qui auraient dû être les plus belles et les plus riches de ma vie. Il y a maintenant trois ans que la lumière a commencé à se faire et qu'elle est allée grandissant... »

Suivons nous-mêmes, respectueusement, les étapes de ce chemin ; étapes que nous ne trouverons pas disposées d'après une loi méthodique de progression. Ce n'est pas un roman que nous lisons ; c'est *la vie* ; vie si riche que nous ne tarderons pas à rougir de notre propre indigence.

Dans les lettres intimes de Mme de Pressensé frémissent des tristesses, des accablements, des désespoirs, des allégresses soudaines — suffisants pour exprimer l'activité de dix âmes au moins ! Je dirais que la nature humaine y est dépassée, si M. de Pressensé lui-même ne nous avait appris à attacher un sens splendide au mot *humain* :

« Nous ne dirons pas qu'alors il (le peuple grec) s'éleva au-dessus de lui-même, car *jamais l'homme ne répond mieux à sa nature que quand il réalise son idéal.* » (*Le Monde antique et le Christianisme*).

On répugne à assigner des dates aux choses de l'âme. Cependant, sur les indications de Mme de Pressensé elle-même dans la lettre précédente, l'année 1853 peut être désignée tout à fait approximativement comme celle où le désordre intérieur s'accuse. C'était deux ans avant la mort de son enfant... pour qui l'a vue agenouillée auprès de ce berceau, la coïncidence est intéressante et hautement instructive. La jeune femme qui a vécu de sentiment veut vivre surtout par la pensée. C'est qu'elle est intègre et craint sur la question religieuse les entraînements de sa sensibilité ; l'Evangile, livre du cœur, lui est momentanément voilé. Donc, elle penche sur la philosophie son âme de poète et de croyante, avec le désir inconscient de trouver son maître. Elle a soif d'unité en elle et au-dehors d'elle, et ce qu'il lui faut, c'est une explication complète et harmonieuse des choses pouvant être perçue par l'intelligence comme par le cœur. Nous avons nommé « *la Philosophie de la Liberté* », port où vient s'abriter pour un temps son esprit inquiet, jusqu'à ce qu'une autre des vagues de la vie la rejette en plein sentiment non plus individuel mais humain (1870-1872).

Posons en fait, dès le commencement de cette analyse, que Mme de Pressensé n'a jamais douté de l'amour de Dieu. S'adressant un jour à une mère que frappait le plus affreux des malheurs, elle la serre dans ses bras en lui disant simplement de sa voix voilée : « N'est-ce pas que vous n'avez pas douté de l'amour de Dieu ? »

Elle savait par une expérience de plus de trente années qu'on peut tout perdre et retenir cela, et que quand on retient cela on n'a rien perdu. Oui, l'amour de Dieu à travers tous les mystères et *quand même*, telle fut sa force ; et c'est sous ce double caractère absurde, si j'ose dire, et souverain qu'elle le présentera aux révoltés de la vie (aux Communards et à leurs veuves), les contraignant doucement à l'accepter.

L'amour de Dieu, elle le concevait, suivant les aspirations de sa nature, immense, illimité, recouvrant tout de ses ondes généreuses — un Océan. C'est à cette image qu'elle aura recours, à diverses dates, comme à la plus satisfaisante, tout en regrettant d'une façon générale qu'il faille ainsi figurer l'invisible. Un océan d'amour, cela sous-entend aussi, pour la personnalité fatiguée d'elle-même, l'invitation mystérieuse à venir s'abîmer, s'absorber dans le grand tout éternel et aimant ; or, Mme de Pressensé était une de ces personnalités lassées qui ne demandent qu'à se dépouiller avant l'heure. Ce n'est pas elle qui se fût écriée en se présentant aux portes du ciel : « Je suis et je veux rester *moi !* » — Si elle avait dit quelque chose, elle aurait murmuré : *Je suis tous...* » — Ecoutons-la :

« Je n'ai pas même eu d'effort à faire pour le remettre (un ami) avec confiance à cet amour de Dieu qui est pour moi comme un Océan où tout va aboutir et se résoudre. » (1866).

— « Enfin, tout en revient toujours à ma conception habituelle, un océan de vie, un océan d'amour, et une magnifique certitude que tout est bien, que tout est beau, que tout est complet, et que c'est nous seulement qui sommes trop débiles pour saisir cette admirable unité des choses. Voilà où se réduit ma philosophie pour le moment. Elle n'explique et ne comprend rien, elle s'abîme en quelque sorte, et je ressors de ces plongeons dans l'infini tantôt ranimée et vivifiée, tantôt dans un état d'étrange faiblesse morale, comme battue par une vague trop forte. » (1869).

« Nous sommes tous faussés, rapetissés et frelatés. Ah ! que cela donne un ardent désir de se replonger dans la source de l'être, de rentrer *dans l'Océan* pour y retrouver la pureté originelle. Dieu m'apparaît toujours comme un Océan vivant, lumineux. Est-ce une idée panthéiste ? »

Une autre image qu'elle emploiera volontiers, moins vaste, plus accueillante et beaucoup plus intime, est celle de la « maison paternelle ». Elle y est bien, quand toutefois les hommes lui permettent d'y demeurer sous le regard de « Notre Père qui est aux cieux » . Mais il suffit d'un écrit de Blumhardt sur Satan et les peines éternelles pour la chasser du doux séjour où son cœur s'apaisait.

La « maison paternelle » a pour couvert l'immense voûte bleue :

« Je vous assure que le manuscrit Blumhardt ne m'a pas préoccupée longtemps. Un moment j'ai cru voir grimacer le monde comme une vieille cathédrale, mais c'est passé, et la voûte bleue a repris à mes yeux sa beauté sereine et protectrice. »

Ce qu'il y a de plus grand, de plus hospitalier, de plus prévenant, de plus généreux, voilà ce qu'instinctivement elle retient du christianisme, et lorsque la philosophie de la liberté créée par Ch. Secrétan — ou entée par lui sur le tronc de Schelling — lui apporte enfin, suivant l'aspiration de son être, un Dieu qui *veut* être Amour, elle a au travers même de son enthousiasme si beau et si grave un léger tressaillement d'alarme. Si Dieu prenait occasion de cette liberté sublime pour aimer inégalement les hommes, pour élire celui-ci et non pas celui-là ? Elle frémit moitié douleur, moitié déjà indignation sainte à cette seule hypothèse, et n'hésite pas sur les mots :

« S'il me fallait admettre l'idée de choix seulement comme une possibilité, je ne pourrais plus aimer Dieu ! Ceux qui peuvent porter le poids d'une semblable croyance doivent avoir plus de force que je n'en ai. La joie, la lumière de la vie s'en vont avec la pensée qu'il faudrait perdre que nous sommes tous les enfants de notre Père qui est aux cieux, égaux devant lui et dans son amour, malgré les horribles inégalités de la vie apparente. »

D'ailleurs elle demeure réservée et plus que sobre sur la question des attributs divins. Une certaine culture qu'elle a acquise depuis qu'elle a commencé à penser la met en garde contre le naïf anthropomorphisme (le mot écorchera sa bouche si féminine !) dont notre christianisme est tout pénétré. Comme Moïse sur la montagne ardente, elle se satisfait pleinement par la définition : « Je suis Celui qui est. » *Dieu est...* que pourrait-on ajouter à cette grande affirmation synthétique qui ne l'affaiblisse et ne voile du même coup la face de la divinité ?

— « Il est certain, » dit-elle hardiment, saintement aussi, « que je m'inquiète peu de ce qu'on appelle *les promesses de Dieu* ; je sais que Dieu est, cela me suffit pour tout espérer... »

— « Ah ! quand nous comprendrons Dieu ! » s'écrie-t-elle ailleurs ; « quand du moins nous ne le limiterons plus et ne le rabaisserons plus, de quel flot de lumière et de joie ne serons-nous pas inondés ! »

Jusqu'ici, rien de bien subversif, sinon dans certaines conséquences. Mais voici : Mme de Pressensé ne peut admettre un Dieu « qui a besoin de fictions pour pardonner ! » Ce serait peu de chose de l'effroi qu'il lui inspire, mais encore le drame sanglant de l'expiation n'a « aucune réalité devant sa conscience ». Or quand Mme de Pressensé, dans sa loyauté parfaite, a déclaré cela à propos d'une vérité reçue, c'en est fait, elle a prononcé. Adhérer n'est rien ; il faut vivre, il faut *en* vivre !

« La Rédemption est pour moi une vérité insaisissable ; il m'est impossible d'en prendre possession ! Comment pourrais-je donc y rattacher ma vie ? »

Une parenthèse : C'est dans la période décroissante de la crise morale (1867) qu'elle donna comme une fraîche diversion à sa propre pensée *Deux ans au Lycée*, un de ces petits livres « inoffensifs » dont elle est tentée de regretter « la morale anodine », tant elle est alors lancée d'une franche allure dans la voie de la liberté. Inoffensif ? Anodin ? Un de ses grands amis avec lequel elle entretient une correspondance de discussion philosophique ne va-t-il pas y flairer le délicieux épisode de la petite Francine s'offrant pour recevoir les coups qu'une autre a mérités ! il s'avise surtout que le trait est en contradiction flagrante avec tout ce que Mme de Pressensé a déclaré, et il le souligne non sans malice : Comment ! elle n'admet pas de substitution dans le drame entre le ciel et la terre, et elle recommande, et elle admire le même sacrifice sur les bancs d'une école ! Et elle résume ainsi l'enseignement de la maîtresse qui va remuer le cœur de Francine :

« Ceux qui savent que Jésus les a aimés ainsi

demandent à Dieu de leur donner d'aimer à leur tour, et ils sont heureux et pleins de joie quand ils peuvent vivre, souffrir, et même s'il le faut, mourir pour les autres ! »

Elle avait trahi à son insu sa foi dans l'amour rédempteur...

Mme de Pressensé ne se défendit guère, sinon en se retranchant derrière l'authenticité de l'épisode qu'elle n'avait soumis à aucune analyse. Je répondrai pour elle, sur l'impression d'une lecture toute fraîche : si après quarante ans l'acte de la petite Francine n'a rien perdu de son angélique beauté, en revanche le mouvement de la maîtresse, de la *bonne* Mlle Gertrude faisant retomber la férule, par trois fois, sur les petites mains innocentes, inspire une répugnance instinctive très vive — avant que par une réaction de la raison on se soit convaincu qu'elle est juste en agissant ainsi. Or, qu'est-ce à dire ?...

L'incident ne fit que plonger Mme de Pressensé dans un découragement plus grand :

« Comment, écrit-elle, ai-je pu ne pas voir ce que recouvrait mon épisode ? Souffrir *avec*, oui, mais souffrir à la place, non ; je ne devais pas toucher à ce mystère d'une main si malhabile. Vous avez contribué à me rendre encore plus malveillante pour ce livre que vous-même ne croyez pas en rapport direct avec ma pensée. Ma pensée ! en ai-je une ?... »

Comme pendant à cette petite scène, citons un document bien curieux sur le régime de puérilités dogmatiques auquel étaient assujetties encore vers 1865 les âmes fières et libres ; il y a là de quoi justifier toutes les évasions !

« Dimanche dernier, écrit Mme de Pressensé d'une plume frémissante, M. D... de... a prêché un sermon sur l'expiation qui faisait dresser les cheveux sur la tête et qui a ravi une partie de l'auditoire en exaspérant l'autre. Je l'ai trouvé curieux ; jamais je n'avais entendu rien de si pieusement blasphématoire. D'après lui, il faudrait avoir des connaissances médicales approfondies pour bien saisir le dogme, car la manière dont le sang s'est extravasé et ce qui s'est passé dans le péricarde au moment où le cœur de Jésus s'est brisé sous la malédiction de Dieu a une grande importance pour le salut... »

Telle que Mme de Pressensé nous est apparue avec sa grande pitié humaine, il semble que la figure de Jésus-Christ ait dû être tout pour elle dans le christianisme. Il en était ainsi aux temps de sa première jeunesse, alors qu'elle vivait d'une vie religieuse toute sentimentale et idéale. Maintenant, elle aime autant, ou davantage, le Fils de l'Homme « qui est venu chercher et sauver ce qui était perdu ». Cependant, entrée dans la phase de la pensée, elle ne conçoit plus son rôle vis-à-vis de l'âme individuelle ; faire intervenir Jésus-Christ dans une crise morale lui serait, en tant que romancier sincère, impossible. Elle saisit mieux sa mission auprès de l'humanité, bien qu'encore elle la voie, cette mission, plutôt sympathique que rédemptrice ; rédemptrice, mais par la sympathie. Qui mieux qu'elle pouvait comprendre qu'il ait voulu soulever sur son cœur tout le poids de la souffrance universelle? Mais cela lui paraissait si simple qu'elle se refusait à y voir un caractère divin. Les fragments qu'on va lire, tous relatifs à Jésus-Christ et disposés d'après leurs dates, marquent cependant à cet égard une progression lumineuse :

« Si réellement le christianisme consistait dans une passion nouvelle apportée par Jésus-Christ, celle de l'humanité, je crois que je serais vraiment chrétienne. Mais ce n'est pas tout, il faut avoir une foi, un salut à offrir à cette humanité. Jésus-Christ a dit: « C'est moi » et je ne peux pas encore dire du fond du cœur: C'est lui! Ce qui me manque, voyez-vous, c'est de bien comprendre les rapports de notre vie individuelle avec la sienne, de notre don de nous-mêmes avec son sacrifice. Cela me semble moins difficile de comprendre son rôle pour l'ensemble de l'humanité. »

« J'ai beau voir en Jésus-Christ l'homme vrai, l'homme idéal, sa souffrance ne prend pas à mes yeux d'autre caractère que celui de la sympathie. Ceux qui comprennent autrement savent-ils ce qu'on peut souffrir, même avec un pauvre cœur égoïste, de la misère et de l'abaissement des autres? »

Parlant d'un de ses livres : « Je n'ai pas su faire intervenir Jésus-Christ. *Autant son rôle entre Dieu et l'humanité commence à se dessiner nettement pour moi,* autant les rapports intimes entre notre âme et lui me sont encore insaisissables. Et cependant, autrefois, tout en moi était pour Lui, mais le factice s'est évanoui, et tout le reste avec. »

« Ah ! que c'est bon de détourner sa pensée de soi-même et de la reporter sur le seul être semblable à nous, dont la contemplation ait une réelle vertu de transformation, du moins une vertu sans alliage et sans danger. *Oui, je commence à comprendre ce que peut être dans la vie la contemplation de cette humanité parfaite et divine de Jésus-Christ.* Il me semble que lorsqu'on l'a compris on ne peut plus être seul. »

« Je voudrais que la pensée de Jésus-Christ me réchauffât plus encore ; mais jusqu'ici, la spéculation, le doute, la crainte de me laisser imposer des croyances qui ne seraient pas vraiment miennes et dont par conséquent je ne pourrais vivre que d'une vie factice, ont réprimé l'abandon du sentiment. Du reste tout ce qui me fait aimer l'humanité me rapproche de ce fils de l'homme qui a eu foi en elle et qui est venu parmi les siens. Pourrait-on mettre la nature humaine trop haut ? »

« Je voudrais aimer moins ou aimer mille fois davantage. A chaque instant, je me charge d'un fardeau que je ne puis pas porter. *Ah ! comme c'est bien là la vraie divinité de Jésus*

d'avoir pu prendre sur lui et porter ce fardeau
des misères et des douleurs humaines ! »

Cette identification de Jésus-Christ avec l'humanité s'intensifie dans son imagination ; et, confondant bientôt les deux agonies : celle du Fils de l'homme et celle de la multitude humaine opprimée et déchirée, — elle jettera, en belle poésie, ce cri d'avertissement tragique parmi les chrétiens engourdis dans leur indifférence :

« Vous m'avez laissé seul ! »

(Poésies, page 102).

« Il était seul... Oh ! Christ, cette longue agonie,
Depuis dix-huit cents ans elle n'a pu finir...
... Un grand gémissement monte de notre terre .. »

— De Jésus-Christ au pardon :

Mme de Pressensé approfondit tout ce qu'elle touche. Entre ses besoins intimes et les notions admises se révèle à chaque instant un écart qu'elle a le courage de laisser subsister aux dépens de sa tranquillité. C'est à cet écart que se mesure souvent la noblesse des âmes.

« Depuis que j'ai éprouvé fortement la soif de la sainteté, j'ai perdu le besoin du pardon et même la notion de ce qu'il peut être dans nos rapports avec Dieu. Le pardon n'est-il pas trop extérieur à nous ? »

« J'éprouve de profondes détresses pour une lâcheté commise, ou un manque d'amour, de dévouement, de délicatesse, mais si j'ai besoin de relèvement, je n'ai pas besoin de pardon. Je vois cependant bien l'action directe de Dieu dans une chose, c'est que tous mes péchés et toutes mes lâchetés n'ont pas porté leurs conséquences logiques rigoureuses. Si nous étions livrés à cette logique impitoyable, notre vie serait affreuse. Est-ce là ce qu'on appelle le pardon ? »

Remarquez en passant cette belle langue de l'âme. Le terme est sûr, l'allure rapide, précise, car un grand souffle intérieur porte les mots. Ecrit-on ainsi quand on est l'adepte tranquille d'un christianisme reçu par transmission ?

— « Est-ce prier ? » demande t-elle ensuite, après avoir caractérisé l'acte pur par lequel nous élevons notre âme à Dieu, aspirant comme de larges bouffées d'infini au cours de la vie journalière :

« J'éprouve rarement le besoin de formuler une demande, mais à chaque instant du jour je me sens pressée de faire acte d'abandon, d'obéissance, d'amour ; c'est une sorte de plongeon dans un océan (toujours !) d'où je sors vivifiée. Est-ce prier ? »

Si ce n'est pas prier, alors elle ne prie pas. Car la requête proprement dite et la prière d'intercession, toutes les formes qui prétendent déterminer la volonté divine, sont repoussées par sa conscience ; son refus est un acte religieux ; ce qui l'inspire, c'est l'esprit d'humilité et de saint acquiescement à ce que Dieu veut.

« La prière, écrit-elle en 1866, est encore pour moi un objet de doute. Non que je n'aie la conviction qu'elle est, comme vous le dites, l'essence même de la vie de l'âme, mais en quoi, doit-elle consister ? Que pouvons-nous demander qui ne nous soit accordé d'avance ? Je ne puis comprendre l'idée de la lutte avec Dieu pour obtenir des grâces spirituelles ; elle me semble si orgueilleuse. La lutte de Jacob est un des beaux poèmes de l'Ancienne Alliance, mais je n'en puis saisir l'enseignement. Ce Dieu en qui nous avons la vie et l'être, quel autre rapport pouvons-nous avoir avec lui que celui de l'adoration, de l'abandon et de l'obéissance. Ne croyez pas que je n'aie pas prié dans ma vie ; j'ai passé dans un temps des heures et des heures à genoux, et je n'en étais pas meilleure. »

— « Voici mon objection contre la prière d'intercession, c'est qu'elle me semble entraîner forcément l'idée d'une action sur Dieu, pour mieux dire, d'un changement en Dieu qui est inadmissible. Cette idée est biblique, oui, témoins la lutte de Jacob et la prière d'Abraham dont je reconnais la beauté, mais elle n'est pas évangélique car toutes les prières de Jésus-Christ ne sont que l'expression de l'union de sa volonté avec celle de son Père. Le temps viendra, il me semble presque déjà venu, où nous ne devrons plus rien demander mais croire, nous confier, nous abandonner. »

« L'idée de la prière d'intercession me devient de plus en plus étrangère. »

« Je ne veux pas exclure la prière, loin de là, mais lui donner son vrai caractère, celui d'un abandon volontaire et conscient de toutes choses en nous et au dehors de nous à l'amour de Dieu. Même dans le temps lointain de mon orthodoxie ou de ma foi d'éducation et d'habitude, je n'ai jamais pu, même auprès du lit de mes enfants mourants, demander mieux que de vouloir ce que Dieu voulait. Cette prière comprend tout, la soumission pour les choses qui ne dépendent pas de nous, le travail, l'énergie, l'action pour ce qui est de l'ordre moral. »

Mais voici qu'à l'instigation d'une philosophie généreuse, celle de Charles Secrétan, la prière d'intercession rentrant par la large porte de la solidarité vient s'imposer à son cœur qui ne demandait qu'à l'accueillir :

« Votre pensée de la solidarité, écrit-elle, me devient plus familière, elle me semble même devoir être la clé de voûte de notre état social et moral actuel. Elle agrandit si magnifiquement la vie qui se rapetisse à d'autres points de vue. *Cela nous rend en effet la prière d'intercession,* en dehors d'elle incompréhensible. »

Aussi spirituelle est sa conception du miracle. Elle écrit en 1866, au moment où les guérisons surnaturelles de Mænnedorf font grand bruit et où des hommes appartenant à l'élite intellectuelle ne dédaignent pas de venir s'asseoir aux pieds de Dorothée Trudel :

« Plus j'y réfléchis, plus il me semble que le

miracle physique appartient à un ordre inférieur
et que *le seul miracle qu'il vaille la peine de
désirer, c'est l'union de notre volonté avec celle
de Dieu.* »

C'est enfin la résurrection qui l'arrête, et,
comme précédemment pour le dogme de la Rédemption, son refus d'accepter est le refus profond d'une âme qui veut pouvoir convertir en
substance vivante tout ce qu'elle croit.

« On me prouverait cent fois son authenticité
historique qu'on n'y changerait rien, car *c'est
son rapport avec notre vie morale que je ne saisis
pas.* Est-elle nécessairement liée à l'idée de la
persistance de l'individualité dans la vie éternelle? On me rendrait grand service en me le
prouvant... »

Ainsi l'écoutant parler, toujours noble et franche, nous avons pu éclairer certains points du
drame intime qui se déroule entre 1853 et 1865.
Mais cet aperçu resterait deux fois insuffisant si
nous ne nous hâtions d'ajouter qu'à chacune de
ses réserves et à chacun de ses doutes correspondit une souffrance, de la plus aiguë à la plus
sourde. L'affirmation ne va pas de soi, aujour-
d'hui où le dépouillement de toutes les tradi-
tions religieuses s'accomplit sans guère de dé-
chirements et avec une aisance qu'on ne saurait
imaginer plus grande. Née dans un temps où l'on
souffrait encore de ne pas croire, ou plutôt née
avec d'admirables facultés de souffrir, Mme de
Pressensé paya souvent du sang de son cœur ses

actes d'indépendance morale. Sa douleur, chaque fois qu'elle se retrouve face à face avec une vérité incomprise, inassimilée, a quelque chose de pathétique. C'est ainsi que la fête de Pâques, malgré son cadre printanier : pelouses, arbres verdissants, jeunes ébats, est vouée pour elle à la tristesse. Fleurs, verdures, voilez-vous... elle ne croit pas à la résurrection !

« J'ai été bien malheureuse à Pâques, écrit-elle en 1867, à cause de la résurrection qui me semble toujours absolument indifférente à ma vie morale... »

Plus tard l'impression s'atténuant :

« Nous avons passé hier notre journée dans les bois de la Celle-Saint-Cloud avec une troupe de jeunesse... C'était charmant. Pâques est cependant pour moi une fête triste, je ne puis m'y associer. »

Ne pas comprendre ! — De toutes nos impuissances humaines, celle-ci était la plus pénible à sa nature ; elle préférait, on s'en souvient, n'être pas comprise. Mais aussi, qu'est-ce qu'elle entend par ce terme ? Comprendre, pour elle, c'est étreindre à pleins bras comme on étreint les gerbes ; comprendre, c'est s'approprier intimement. Ainsi elle donne aux mots aimés une expansion et une profondeur qui la condamnent elle-même à n'en user que rarement.

« Le mot *comprendre* prend pour moi un sens toujours plus large et plus profond ; c'est étreindre une pensée avec tout ce qu'elle porte en elle, c'est en voir tous les rayonnements. »

« Je l'ai compris, c'est-à-dire que j'ai pu me l'approprier. »

Demandons-le-nous maintenant : Pourquoi Mme de Pressensé a-t-elle éprouvé des difficultés presque insurmontables à accepter le christianisme intégral, elle si chrétienne par l'esprit d'amour et d'abandon filial ?

Il y avait à ce refus plusieurs raisons, dont voici peut-être la plus extérieure : le christianisme, elle l'avait trouvé insuffisamment, parfois indignement représenté ; elle s'était convaincue qu' « il ne sauve même pas de l'égoïsme ceux qui le professent ; » elle avait vu ceux-ci tour à tour rigoureux sur les questions de dogmes et singulièrement négligents des commandements essentiels de Jésus-Christ. Son indignation, qu'elle appellera d'un nom plus fort, s'étendit parfois des chrétiens au christianisme. Qu'on se rappelle certaines pages acérées et violentes de *Geneviève*, le plus spontané de ses livres ; le dîner religieux chez Mme de Préal, par exemple. C'est de la haute satire et c'est la mise en scène admirablement vivante de cette parole :

« J'éprouvais à ce moment-là une sorte de haine contre ce christianisme qui n'a pas su se faire mieux aimer, mieux comprendre. »

Il y avait aussi que son respect enthousiaste de l'humanité la rendait jusqu'à un certain point défiante à l'égard du christianisme. Cela n'est pas un paradoxe. Abaisser l'homme pour le grandir par la rencontre avec son Dieu est une méthode éminemment chrétienne, depuis Pascal et avant lui ; Mme de Pressensé ne la reconnaît point ! C'est sous son humanité que Jésus-Christ lui est apparu divin. Elle sait gré à la « *Philosophie de la Liberté* » d'avoir adressé à l'homme cette invitation respectueuse : « Deviens ce que tu es ! » Et s'il lui fallait absolument opter pour l'un de ces deux termes : *chrétien, humain*, elle n'hésiterait pas à placer le second au-dessus du premier, choix qui, certes, n'aurait rien de profane.

« Pourquoi, se demande-t-elle, quand on parle de conscience chrétienne, suis-je tentée de croire que c'est une conscience moins vraie que la conscience toute simple ? »

N'avais-je pas raison de dire que lorsque M. et Mme de Pressensé fondèrent un foyer, chacun apporta à l'autre l'enthousiasme de l'humanité ?

Il y avait une autre objection, esthétique pour le moins autant que morale, formulée par Mme de Pressensé en ces termes d'une mystérieuse beauté : « Je n'arriverai jamais à avoir ce qu'on appelle de la piété. La vie me semble trop magnifiquement une pour cela. Je n'ai pas besoin d'un oratoire, le monde est un temple, chaque relation de la vie peut et doit devenir un acte de ce culte qui est la vie elle-même. » Ici il semble que la pensée se retire derrière un voile, puis le voile précieux s'écarte, et nous comprenons — nous rappelant l'idéal d'harmonie qui est inclus dans cette nature. Comment, en effet, entend-elle le progrès? Comme « une *harmonie* plus réelle de notre volonté avec la volonté divine ». Qu'est-ce à son sens qu'une année heureuse? « Une année *d'harmonie*. » A quelle image a-t-elle recours pour exprimer l'influence d'un esprit supérieur sur le sien? « Vous avez fait passer en moi de grandes ondes *d'harmonie...* »

Or, elle avait cru voir que la religion isole: facultés dans l'être, individus dans la société, rayons de la vérité éternelle; et qu'en isolant elle rompt la belle unité morale dont quelques-uns portent plus distinctement l'idéal en eux. Mais elle avait entrevu aussi que l'harmonie brisée peut être rétablie, dans un état supérieur:

« Je suis convaincue que la vérité religieuse est au fond une avec les autres vérités et que plus on saura, mieux on comprendra, plus on découvrira cette unité. »

J'ai réservé jusqu'à maintenant la plus intime de toutes les raisons, *la* raison: Si Mme de Pressensé, en son humilité, s'est crue autorisée à choisir parmi les vérités chrétiennes, c'est qu'un jour, après dix ans déjà de rudes conflits intérieurs, elle avait résolu noblement de ne rien admettre qui n'eût une réalité devant sa conscience. Pas d'opinions, mais des *convictions*, suivant la définition très belle qu'en a donnée son ami Robertson (1). La vérité c'est ce qu'on vit !

« J'ai pris une résolution : c'est de ne plus chercher à rattacher aucune part de ma vie à des vérités qui ne soient pas miennes. »

Plus loin : « N'est-ce pas une simple question d'honnêteté de ne vouloir rattacher ma vie morale qu'à ce qui m'appartient ? »

« Je vous assure qu'il y a un fond très sérieux dans la résolution que j'ai prise de ne vivre que des vérités que je possède, *c'est le seul moyen d'en acquérir d'autres...* »

« A quoi sert de comprendre une vérité qui ne devient pas vie ? Comprendre, penser, sentir, cela n'aboutit qu'à une inexprimable lassitude. Vivons... »

Ces accents si beaux qui sonnent clair et vibrent profond ne surprendront pas ceux qui l'ont suivie à travers toutes les pages précédentes dans tous les sujets qu'elle a traités. Chaque fois, vous l'avez remarqué, après s'être plainte de ce qu'elle ne peut « prendre possession » d'une vérité déterminée, elle a ajouté avec son regard d'âme loyale qui semble chercher notre regard pour y plonger :

« Comment pourrais-je donc y rattacher ma vie ? Rien de ce qui est fictif ne peut communiquer la force. »

Le même sentiment lui rend de plus en plus

______

(1) Voir l'épigraphe du chapitre II.

suspectes les émotions religieuses, qui nous laissent énervés et « détendus comme une corde humide ». Rien que de sain et de vrai !

Mais cela n'est encore que le côté négatif. L'attitude morale de Mme de Pressensé pendant les années d'angoisse et d'effort intime qui sont ici froidement résumées, cette attitude est double, si j'ose dire : Elle attend et elle agit.

Elle attend... C'est en cela surtout qu'elle est admirable. Il lui aurait été si facile de se refaire, avec les débris de sa foi de tradition et d'habitude, un petit christianisme — grand encore ! — applicable sur l'heure et sans souffrance. Non pas. Voici sa parole fière, vraie devise de ces années d'obscurité qui nous apparaissent à nous tout éclairées d'en haut :

« Je crois qu'il faut respecter la vérité assez pour l'attendre et savoir se passer d'elle à force de croire en elle. Dans les moments où l'obscurité de mon esprit a été la plus douloureuse, j'aurais mille fois mieux aimé ne jamais voir paraître le rayon du matin que de m'allumer une misérable chandelle et de dire: « Voici le jour ! »

Donc elle attend dans l'obscurité, persuadée que « notre Père qui est aux cieux » saura bien la rencontrer sur le chemin où elle s'est arrêtée, « pourvu que ce ne soit pas un chemin tortueux et volontairement ténébreux ».

Ah ! s'il ne s'agissait que de Dieu ! ce Dieu qui « a promis de nous conduire dans toute la vérité, *si nous sommes fidèles au degré de lumière*

que nous possédons » Mais il y a les hommes…
Il faut qu'elle s'y résigne : son attitude d'expec-
tative morale sera généralement mal interprétée.
On la traitera de sceptique ; ses amis les plus
intimes, les siens, ceux qui devraient la connaître
assez pour ne pas se méprendre, lui renouvelleront,
sous une forme un peu adoucie, le même reproche.
Celui-ci l'atteint en plein cœur. Sceptique, elle !
elle s'explique, elle se défend, elle fournit des
preuves, elle demande qu'on distingue entre les
deux scepticismes dont l'un légitime sous son
caractère transitoire ; — c'est le sien. Sa défense
est généralement présentée avec douceur, avec
calme ; cependant de temps à autre l'amertume
jaillissant malgré elle, on peut mesurer comme
à la lueur d'un éclair ce qu'elle a souffert. Ainsi
quand elle s'écrie : « Vouloir ce que Dieu veut,
est-ce du scepticisme ? » Ainsi encore dans cette
page où les allusions douloureuses abondent :

« Je ne suis pas encore remise de votre accusation de scepticisme. Peut-être le plus simple
et le plus court, au lieu de tant me troubler et
de m'examiner avec une sorte d'hostilité à la
lueur de cette sentence, serait-il d'affirmer que je
vis, quand même on me dit que je n'ai pas le
droit de vivre, que j'ai un Dieu lors même qu'on
m'assure que je n'en ai pas. Je suis très accoutumée à être jugée et condamnée sans grandes
formes de procès… »

« Ne faut-il pas reconnaître deux scepticismes
aussi différents l'un de l'autre que le jour et la

nuit, l'un qui dégage et délie et qui a sa racine dans la volonté mauvaise, l'autre qui impose l'obligation morale d'autant plus fortement que l'on sait moins où poser le pied ? »

« Vous dites que je suis dans une voie qui conduit au scepticisme. Comment serait-ce vrai quand, au milieu de tant de faiblesses et de misères, le mot de ma vie est pourtant de plus en plus : Mon Dieu, je remets toutes choses entre tes mains, et tout d'abord moi-même avec ce pauvre cœur qui ne sait pas aimer. »

Comment serait-ce vrai, en effet, pour qui l'a connue ?

D'autre part on lui insinue que sa conduite manque peut-être d'humilité, qu'elle a tort d'attendre la foi debout ; on lui vante la simplicité de cœur. Sur ce mot, elle bondit :

« Rien ne m'exaspère comme d'entendre toujours parler de la simplicité de la foi ; je ne sais en quoi elle consiste, si ce n'est à avoir le courage de regarder la vérité bien en face ! »

Plus tard cependant, sous le coup d'expériences répétées, elle se demandera, dans la sincérité de son âme, si l'humiliation n'est pas nécessaire à qui veut trouver Dieu. Où le rencontre-t-on, le *Dieu qui est*? sur les hauteurs, comme elle l'avait cru dans le premier orgueil de sa pensée libérée ? ou dans les abîmes, comme le lui assure son ami et son guide, M. Charles Secrétan? Qui le sait ? Elle commence à craindre d'avoir fait fausse route en voulant « trouver, agir, conquérir, créer en soi la vie divine, au lieu de la recevoir humblement. » Et elle conclut par ces mots qui amènent un sourire attendri sur nos lèvres :

« Je crois que c'est l'humilité qui me manque ; c'est triste, car, n'est-ce pas ? l'humilité n'est que le sentiment de la disproportion entre ce que nous devons être et ce que nous sommes ? Je demande à Dieu de me la donner... »

Dieu avait exaucé sa prière avant de l'avoir entendue : qu'est-ce que le parfum dont toute sa nature de femme est pénétrée, sinon l'humilité à l'état naturel et sous sa forme simplement humaine ? Simplement humaine, il me semble qu'elle eût aimé cela.

Elle attend, mais aussi elle agit. La contradiction n'est qu'apparente. Il y a pour nous, dans nos heures de désarroi moral, trois manières principales de nous donner à l'action : Par la première, nous nous jetons dans la mêlée d'un mouvement inconscient et presque aveugle, sentant que le salut est là et qu'il n'est pas ailleurs. (« Me contenter d'agir tant bien que mal et ne pas vouloir autre chose. ») Dans le second cas, la réflexion élevant la voix nous conseille d'affermir par l'action notre foi chancelante, troublée, ou éperdue. (« En allant auprès de ces malheureux pour qui la vie est si triste, je ne me demande pas s'il y a un Dieu personnel ou non, je le prie de me donner des paroles de vraie sympathie et les moyens de soulager. ») La troisième manière est caractérisée par un libre choix : c'est l'action préférée à la pensée pure pour des raisons toutes morales. (« Je suis lasse de spéculation, je veux vivre et aimer ! ») Mme de Pressensé les a connues toutes les trois, elle les a ennoblies chacune ; l'amour, l'amour vécu, traduit en actes, fut à une époque de sa vie « son seul lien avec l'invisible » ; la foi au bien la maintint au-dessus des grandes eaux où elle sombrait.

Mais aussitôt lancée dans la charité pratique (agir, pour elle, c'était aimer), Mme de Pressensé se demande si l'élargissement extraordinaire et à certains égards réjouissant de sa pensée ne va pas la priver de ses moyens d'action sur les autres. La question est posée avec un intense sérieux humain :

« Je me préoccuperais moins de la manière dont je m'approprie la vérité, si je ne désirais ardemment avoir plus d'action sur les autres. Voici encore une grosse question : l'élargissement de la pensée nous ôte-t-il la force ? Quand nous n'avons plus à notre service ces bonnes petites phrases carrées qui expriment les choses bien arrêtées, avons-nous encore des points de contact avec les esprits qui n'ont pas atteint notre degré de culture ? Que de fois j'ai regretté certaines formules qui ne sont plus à notre usage ! Est-ce le malheur d'une transition...? »

Le scrupule, une fois éveillé, ne se laissera plus apaiser, et désormais sur les sujets brûlants de la foi, cette petite phrase rappelée avec la régularité d'un refrain : « Mais il y a les autres... »

« Mais pour les autres... ? » traduira son souci constant. Cette préoccupation donne un sens profond à tout ce qui précède. *Les autres !...* c'est pour eux surtout qu'elle a scruté, pendant dix ans, les intimités de sa conscience, se livrant sur elle-même à une analyse exacte, minutieuse, qui semble au premier abord contredire à sa nature.

« Si sérieux qu'on soit, écrit-elle, *on peut mieux se passer de vérité pour son propre compte* qu'on ne le peut dès qu'on sent à un degré quelconque ce que c'est que la responsabilité d'une autre âme. Et où s'arrête cette responsabilité ?... »

« Pour ce qui concerne notre vie individuelle, la question est moins dans ce que nous croyons que dans la manière dont nous croyons. Mais *dès qu'il s'agit des autres*, de notre influence, de notre action sur eux, la vérité objective a plus d'importance. »

« Je voudrais être chrétienne de pensée, de cœur, de vie dans le vrai sens, dans le sens profond du mot. *Ce serait peut-être un moyen d'être plus utile aux autres.* »

Le désir ardent de ne pas perdre une parcelle d'influence, ce que nous appellerons la préoccupation humaine persistante, joint à la volonté de ne rien admettre qui n'ait réalité devant la conscience, ces deux traits ressortent avec énergie de la noble situation morale qui vient d'être exposée. Et voici leur point de rencontre : Mme de

Pressensé ne s'est pas plus tôt assimilé un principe bienfaisant qu'elle brûle de le communiquer; elle n'a pas plus tôt étreint que sa main se rouvre pour répandre.

« Heureux ceux qui reçoivent, heureux ceux qui donnent, » dira-t-elle avec son charme de simplicité et de douceur.

Entre 1864 et 1867, la révolution morale est pour ainsi dire consommée ; le soleil de Charles Secrétan (*la Raison et le Christianisme — la Philosophie de la Liberté*) monte à son horizon et l'inonde de clartés... Apaisement, satisfaction, joie profonde par le sentiment de l'harmonie. C'est enfin le système adapté à tous les besoins de son esprit et de son cœur ; elle le croit du moins. Sans rien enlever à une pensée génératrice, il paraît certain que Mme de Pressensé ne se serait pas prêtée si largement, si ardemment à une influence extérieure, si le travail d'apaisement n'avait pas été commencé en elle dans un sens analogue. Car que nous vient-il du dehors qui ne soit déjà ébauché au dedans? Quoi qu'il en soit, c'est la paix. En 1866, elle parle de «lumière grandissante » ; elle prononce, avec sa plume qui en tressaille, les mots « heureuse », « très heureuse » ; le 30 décembre 1867, se retournant vers l'année qui va finir, elle la caractérise comme « une des plus belles de sa vie, peut-être la plus vraiment belle ». C'est « une année d'harmonie ». Il lui semble « être arrivée sur une hauteur », que nous gravissons après elle.

C'est au seuil de l'ère nouvelle qu'elle donna le *Journal de Thérèse*. Un peu contraint et froid sur les questions de dogmes — le christianisme exposé par Marie Hersant devant Thérèse ; — magnifique et brûlant par l'inspiration de la charité, ce livre est un de ceux où Mme de Pressensé a mis le plus de ce qu'elle appelait « sa folie » ; il correspond, sans le refléter absolument, à un état d'élargissement et de plénitude.

Cependant sa pensée qui a fendu l'air des zones libres et s'en est enivrée, reploie bientôt ses ailes ; après l'immensité des jeunes attentes, c'est la résignation de la maturité qui commence. Savoir ? Comprendre ?... Elle écrit :

« Je suis en ce moment très lasse de spéculation, et j'ai bien plus besoin de vivre et d'aimer, et d'agir sans défaillance, que de comprendre et de savoir. »

L'année 1868 est marquée par une résolution : celle de quitter définitivement ce qu'elle appelle avec humour son « perchoir philosophique » ! Au-dessus du devoir de croire et d'établir ce qu'on croit, un ministère lui est apparu, vaste comme l'humanité elle-même :

« J'aime et je veux souffrir ! » C'est la devise qu'elle grave au fronton de ses *Poésies* (1869) et dans la substance palpitante de ses vers. Le sentiment redevient dominant chez elle, et le malheur public va exalter ce qui se réveille ;

« Etant absorbée par le sentiment au point de n'avoir plus besoin de logique », écrit-elle au seuil de l'Année terrible (fév. 1870).

Et deux ans et demi après, le 20 septembre 1872 :

« Depuis longtemps je suis presque étrangère aux idées ; je n'ai vécu que de sentiment et d'un sentiment très monotone. »

Est-ce à dire qu'avec cette nouvelle réaction la victoire de la foi sur le doute soit définitivement consommée, et que la paix habite aux régions profondes d'elle-même ? Non, pas tout à fait. Elle a endormi sa pensée qu'elle n'a pas satisfaite, qu'elle désespère de satisfaire ; et cela au lendemain de la Commune en face des affolants problèmes posés par la douleur et par la misère ; elle a endormi sa pensée et, le doigt sur les lèvres, supplie qu'on ne réveille pas l'ennemi assoupi. Elle agit, elle fait le bien et répand l'amour, elle ne pense plus... A travers de nombreuses fluctuations intimes elle éprouve avec force le besoin nouveau de « ne pas rentrer en soi-même et de n'y pas laisser pénétrer le regard, même le plus ami » ; en conséquence de quoi les lettres qui ont été pendant tant d'années sa soupape de sûreté s'espacent et se font brèves.

« J'ai peur maintenant, écrit-elle, de tout ce qui remue trop directement le fond assoupi de ma pensée. »

Et encore : « J'avais réussi à m'endormir un peu pour moins souffrir, mais il me réveille, ce beau livre poignant ! « (*La Question sociale*, de Ch. Secrétan, 1886).

C'est ainsi que, portée de vague en vague, mais ferme dans l'action et répandant autour d'elle la paix qu'elle ne possédait pas toujours, Mme de Pressensé atteindra l'année 1891, année de son veuvage, année d'*épreuve* au sens vrai du mot.

*
* *

J'en suis persuadée : tous ceux qui l'ont vue combattre pour sa foi, à travers douze années et aux dépens de son bonheur, ont conçu pour elle une admiration plus large et plus humaine ; la figure de leur amie leur est apparue grandie par ses doutes eux-mêmes si noblement motivés. Mais s'il en était autrement, et que parmi ceux qui l'ont aimée quelques-uns, partisans de « la lettre », se fussent affligés des révélations que j'ai faites au nom de la vérité, c'est alors que je dirais : Mettez sa foi — car elle avait une foi, Dieu le sait — à l'épreuve de sa vie ; voyez-la particulièrement en présence de ce qui fait chanceler la nôtre, de ce qui laisse éperdus les plus croyants : la mort des bien-aimés, le deuil.

Elle-même avait tenté sur elle-même une expérience analogue, en 1867, alors que l'accusation de scepticisme, lancée par une voix amie, remuait en elle tout un monde d'indignation et de douleur : Au même moment elle avait, se mourant aux portes de Paris, un jeune ami très cher de qui elle avait beaucoup attendu et qui devait être, en particulier, le ministre selon son cœur d'un christianisme nouveau. A ce point de vue spécial et très vaste il représentait donc : son avenir. Elle va le voir à Fontainebleau, dans le recueillement d'un trajet solitaire, fortune rare pour elle ; et à travers son émotion même elle est curieuse d'observer comment sa foi, sa pauvre foi dont on lui a appris à douter, supportera le choc d'une déception si forte... Elle va. O joie dans la tristesse, sa confiance en Dieu triomphe de l'épreuve ; elle peut remettre pieusement aux mains du Père son jeune ami, avec l'ardente espérance qu'elle lui avait associée. Tout est bien ! Le récit fait sur le vif de l'impression, en grand style, est trop beau pour n'être pas cité en entier :

« J'ai une épreuve dans ce moment, une grande épreuve de ma foi, et elle en sort lumineuse. Je suis allée avant-hier passer la journée à Fontainebleau. C'était pour revoir, avant son départ pour le Midi où sans doute il va mourir seul, un jeune homme que j'aime d'une affection de sympathie et d'admiration.

« ... Appartenant à une famille très pauvre et très humble, il a fait de belles études au prix d'efforts et de privations inouïs, puis quand elles sont terminées, quand après avoir rallumé, au foyer du professeur Beck de Tubingue, sa foi presque éteinte, il se trouve sur le seuil de la vie active, tout près de réaliser cet idéal de dévouement que je n'ai jamais vu supérieur au sien, la maladie longtemps dominée le terrasse et l'envoie mourir dans la solitude. J'ai passé quelques heures avec lui... Eh! bien, faire à Dieu l'abandon de cette vie que je croyais destinée à réaliser mon idéal d'un ministère évangélique et largement humain, le faire avec une entière confiance que tout est bien, vouloir ce que Dieu veut, est-ce du scepticisme? Oh! non, je vous l'assure, je crois, j'aime, j'espère, comme disait en mourant une des plus charmantes figures du *Récit d'une Sœur*, et c'est plus difficile à dire en présence de la vie qu'en présence de la mort. Je sais maintenant ce que veut dire le mot adoration, du moins j'entrevois ce qu'il renferme de confiance, de joie inexprimable, d'abandon sans réserve, de triomphe de l'invisible sur le visible, de divine plénitude d'amour... »

N'êtes-vous pas satisfaits par ce magnifique témoignage, et vous faut-il encore, au point de vue naturel, une expérience plus intime? Alors rappelez-vous son attitude auprès du lit de mort de son enfant (septembre 1855), dans les premiers temps de la crise morale qui déjà l'agite intérieurement, sans qu'il y paraisse au front si doux de la mère agenouillée : Son cœur désolé est « plein de reconnaissance » ; elle sent comme jamais la réalité des choses invisibles, que « leur enfant bien-aimé leur révélait en les quittant » ; elle éprouve aussi « la joie sainte et douloureuse de pouvoir donner à Dieu ce que nous avons de plus précieux. » Enfin, pour tout dire en un mot, quand elle aura besoin désormais de « reprendre courage », c'est à ces deux jours « de grand déchirement », le 8 et le 9 septembre 1855, qu'elle se reportera, car ils ont été marqués vraiment par « une visite de son Dieu ».

Tel est son propre témoignage recueilli directement de son cœur dans son Journal maternel.

En 1855, elle avait vu la mort cueillir d'une main douce et légère la petite fleur blanche pour ainsi dire anonyme encore... Mais en 1890 et 1891, ce sera la rencontre et presque la familiarité avec la souffrance cuisante et cruelle soufferte par un autre et pour un autre, cet autre étant la moitié d'elle-même : la maladie, l'agonie, la mort de M. de Pressensé, expression supposée de la volonté divine, vont soumettre son âme et sa foi à la plus forte épreuve. Muet, celui qui défendait si grandement toutes les causes qu'elle aimait en silence ! Disparu, absent, l'ami auquel elle s'étonnait dans une sorte de stupeur radieuse que Dieu eût daigné l'unir ! Voici cependant en quels termes elle appréciera l'année 1891 qui l'a associée intimement à une agonie et l'a dépouillée pour jamais :

« Comme elle (cette année) *m'a fait comprendre l'amour de Dieu ! »*

(20 décembre 1891

A madame Roehrich).

La preuve de sa foi est faite ; — était-elle
même à faire ? et de toute conscience sincère,
j'en suis persuadée, s'élèvera cette aspiration :
Si nous pouvions croire comme elle a cru !

———

CHAPITRE III

LES INFLUENCES, LES AMITIÉS

> « Il y a dans le besoin de recevoir
> sans cesse des témoignages de sym-
> pathie de nos amis une sorte de ma-
> térialisme contre lequel nous devons
> lutter. Il faut que la foi ait une plus
> grande part dans nos sentiments... »
>
> Mᵐᵉ E. DE PRESSENSÉ.

De près et de loin : Ch. Secrétan et l'Anglais Robertson.
— M. Pécaut et la morale indépendante. — Haleines
poétiques : Alfred de Musset, Longfellow, Heine. —
Une alliance imprévue : André Léo et le socialisme.
— Attachements enthousiastes et chères amitiés per-
manentes.

Mᵐᵉ de Pressensé avait traversé ces années de
luttes (les dix premières surtout) dans une solitude morale continue qui fit quelquefois frémir
son âme vaillante ; c'était lorsqu'elle l'apercevait
devant elle, à l'infini, comme l'enfant noir de la
Nuit d'Octobre (« Ami, je suis la solitude »).
En 1857, elle murmure dans son Journal intime :
« l'effroi de devoir suivre ma voie *seule*. Que
c'est difficile d'être sincère ! » Oui, seule elle

était ; car, comme nous sommes seuls pour mourir, nous devons être seuls pour passer du doute à la foi, de l'obscurité à la lumière relative ; c'est dans la loi des choses. Mais il y avait aussi, je l'ai dit, que les libres allures de sa pensée, avant-courrières de notre libéralisme moderne, étonnaient dans son milieu français, bien moins certainement qu'elles n'eussent étonné dans son milieu suisse où elle ne se les fût pas permises ; mais assez pour lui faire connaître quelques-unes des amertumes de l'incompréhension. Remarquons d'ailleurs que dans nos moments de grande angoisse morale, ce n'est pas de notre famille que nous tirons le secours ; car, notre famille, n'est-ce pas encore nous-mêmes ?

Sans appui suffisant au près, elle étendit le champ de son regard et chercha dans le monde de la pensée écrite, dans *le livre*, les influences sympathiques et secourables. Ces grands amis spirituels ne se laisseraient dérouter ni par ses timidités, ni par ses ardeurs ; ils viendraient à elle comme elle était venue à eux. Elle contracta ainsi des attachements de l'esprit et de l'âme, les uns tout mystiques, la reliant à des morts inconnus de visage, les autres faisant d'elle le disciple de Maîtres vivants qui voulurent être ses amis. « C'est pourtant doux que le bien que Dieu veut nous faire puisse nous venir aussi de ceux que nous aimons ! » Ce furent, presque sans paroles, secours reçus et grâces rendues ; car béni soit celui qui contribue à « délier une âme ! »

Mme de Pressensé s'adressa successivement ou tout ensemble à la théologie libre à tendance philosophique (Robertson), à la philosophie inspirée par la foi (Ch. Secrétan), à la morale (M. F. Pécaut). Chacune de ces influences correspondit à un moment de la crise spirituelle dont nous avons vu toutes les phases, et chacune, en se retirant, laissa son empreinte : souvenir reconnaissant ou amitié.

Parmi ces influences joyeusement acceptées, rappelons en tout premier rang celle de M. Charles Secrétan. La pensée du Maître cordial est partout dans le chapitre précédent. C'est lui qui, vers 1863, apporta à Mme de Pressensé déchirée par les contradictions intérieures l'unité, la belle unité que son imagination avait rêvée et que sa pensée exigeait. Il lui apportait aussi un Dieu qu'elle pouvait aimer ; or, c'était tout lui donner ou tout lui rendre, elle-même le déclare : « Faites-moi connaître un Dieu que je puisse aimer, et vous m'aurez par là même donné l'amour. » — « Merci... car c'est vous qui m'avez donné le Dieu à qui je puis le dire (Père, je remets mon esprit entre tes mains). »

Au premier contact de son intelligence avec la pensée du Maître de Lausanne, ce fut, on s'en souvient, un sursaut d'allégresse. Cette allégresse devait durer trois ans, soumise à d'imperceptibles décroissances pendant deux ou trois autres années. Remarquez l'ampleur des termes, la beauté pleine des images qui lui servent à exprimer toute l'étendue des bienfaits reçus :

« Vous avez fait passer en moi de grandes vibrations d'harmonie. »

— « Je vous dois une grande paix et une harmonie intérieure, qui n'est pas encore complète, mais qui a bien transformé ma vie et même un peu celle de ceux qui m'entourent. »

« Je ne m'explique pas bien comment cela s'est fait, mais vous m'avez donné la clé de ma vie, vous m'avez donné le lien de mes épis épars... »

— « Votre livre a été pour moi, il me semble que j'ose le dire, un Évangile. »

— « Je lui dois les plus splendides rayons de lumière qui aient brillé sur moi... » etc, etc.

Le sentiment puissant a fait éclater toutes les glaces de la timidité et de la réserve, et c'est un grand flot de joie morale qui passe.

Pour bien apprécier la valeur d'une telle délivrance, il faudrait se replacer encore, et plus intimement, dans le milieu et dans l'état de Mme de Pressensé, puis revoir à cette lumière toute *la Philosophie de la Liberté*, d'une cîme à une autre cîme — exploration impossible à pratiquer ici, si même nous en étions capables.

Que trouvait-elle dans cette doctrine de si bienfaisant et de si grand ? Tout ! Le Dieu qui est ce qu'Il veut et qui veut être Amour, contemplé dans le miroir de l'histoire ; l'homme qui réalise à la fois sa liberté et sa nature : (« Deviens ce que tu es ») en s'unissant à Dieu par l'amour ; puis aussi l'affirmation de la grande solidarité humaine : « L'individu n'est un tout qu'à titre de moyen pour le vrai tout. » — « Les actes individuels sont des actes de l'espèce... »

Si cette dernière conception n'était pas issue de l'esprit généreux et désintéressé de Charles Secrétan, c'est à Mme de Pressensé qu'il conviendrait de l'attribuer, tant elle a la forme de son âme et le son de ses aspirations les plus profondes. Écoutez : qui a parlé ?

« S'unir à Dieu par la foi pour être sauvé ; s'unir à l'humanité par la charité pour la sauver ! »

— « Celui qui se sanctifie concourt par là même à sanctifier l'humanité. » (Ch. Secrétan).

Sur ces larges plateaux, les voix des deux amis se confondent...

De même que la *Philosophie de la liberté* répondait *pour un temps* à tous les besoins de sa pensée féminine, de même aussi le philosophe, l'homme, heureusement inséparable du système qu'il avait créé, se trouvait être le guide dont elle avait besoin à cette heure précise : M. Charles Secrétan possédait la foi religieuse à côté de la largeur d'esprit scientifique ; il serait assez chrétien pour comprendre son désir ardent de croire, assez philosophe pour ne pas s'offenser de ses objections et de ses doutes.

Accoutumé à juger les choses de haut et par vastes ensembles, il remettrait pour elle les dogmes à leur plan, et pourrait dire à l'âme

torturée entre ses scrupules et sa sincérité :
Allez, ceci n'est pas un point vital, reprenez
votre course ! — en retour de quoi elle-même
s'écrierait : « En vous lisant, il me semblait
entendre une voix qui disait : « *Déliez cette
âme !* »

Enfin, il serait toujours prêt à faire rayonner
sur elle comme sur tous (et davantage, à raison
de leur amitié) sa pensée cordiale.

Après avoir déclaré à Charles Secrétan tout
ce qu'elle, faible femme, a trouvé dans sa philosophie, Mme de Pressensé se résumait à sa
manière par ce mot intense :

« *J'en vis.* — Cela vous suffit-il ? » (1866)
Qu'est-à-dire, sinon qu'elle fut son disciple. Elle-
même, malgré son extrême modestie, osa pendant quelques années s'attribuer ce titre. Comme
on la reconnaît bien, sa qualité de disciple, à
son ardeur de prosélyte ! Elle brûle, conformément à sa nature, d'étendre à d'autres l'influence
dont elle a éprouvé tant de bien. Elle, si timide
pour elle, fera ou fera faire de la propagande
dans les salons en faveur de la *Philosophie de
la Liberté* (1), auprès de quelques hommes
influents, non point en vue d'un vain succès,
mais afin que la vertu de l'œuvre se commu-
nique plus largement et en tous milieux. L'avenir, elle en est convaincue, lui appartient ! Aux
jeunes gens qui viennent l'un après l'autre lui

(1) Qui paraissait au même moment (1867) en 2ᵉ édition.

confier dans le tête à tête leurs obscurités et
leurs doutes et la trouvent infiniment indulgente
— elle présente la pensée de Charles Secrétan ;
à celui-ci, elle écrit : Je vous les recommande,
ils sont à vous ! — Elle en parle aux mères
pour leurs fils. Son rêve serait de former avec
l'élite de la jeunesse virile de France une chaîne
où passerait le courant de la pensée du Maître ;
il lui semble qu'elle se trouverait heureuse simplement pour l'avoir transmis. (« Si je sentais
votre cher fils en relation avec un si noble esprit, il me semblerait être encore en communi-
cation avec lui, mieux peut-être que lorsque je
le voyais arriver le soir avec tant de plaisir... »)
Elle va jusqu'à écrire à la première heure :
« Votre œuvre est la seule qui m'inspire une
sympathie assez complète pour *que je ne croie
pas ma vie perdue* si j'ai seulement pu engager
beaucoup d'esprits travaillés et altérés à y chercher la lumière ! »

— Ce fut en vérité une belle phase, ces années
d'enthousiasme désintéressé, puis d'expansion ;
mais enfin ce ne fut qu'une phase qui devait se
terminer plus ou moins brusquement avec une
nouvelle poussée de vie intérieure. (Voir au chapitre précédent.) Le moment où l'influence de
Charles Secrétan cesse de dominer sa vie est
celui où elle se jette dans l'action, vers 1868.
Il semble que la vie pratique l'ait fait douter de
la puissance de l'idée.

Depuis un certain temps déjà, quelques fissures s'étaient produites dans la satisfaction intellectuelle parfaite qu'elle avait goûtée ; elle s'était reconnue impropre à la philosophie et avait échangé doucement l'attitude de disciple, « qui la tendait un peu », contre celle d'amie. C'étaient des signes. Mais ne croyons pas qu'en s'orientant dans une direction un peu différente, Mme de Pressensé ait agi sous le coup d'une déception intime ou par ingratitude. Ingrate, elle ! Toute sa vie elle aima à se retourner vers les années bénies de 1863 à 1867, et à recevoir sur son front les reflets de la belle lumière d'alors ; elle aima à toucher dans sa propre existence les effets de l'action bienfaisante qui ne s'exerçait plus sur elle avec la même force. De nombreuses allusions, émues et plutôt mélancoliques, sont faites à ce temps exceptionnel où, dans son âme, des doigts amis faisaient chanter « le clavecin » ; où il y avait donc des harmonies intimes, et où la conception philosophique de la vie devenait belle comme de la poésie...

« Quel beau moment, s'écrie-t-elle, que celui où un livre nous donne la clé de nous-même ! Pourquoi ne marche-t-on pas ainsi toujours de révélation en révélation, d'épanouissement en épanouissement ? Ce serait une vie divine. — Mais on veut essayer les réalisations et on se brise... »

« J'ai vécu longtemps sous l'obsession de cette pensée que la vérité est peut-être triste. C'est vous qui m'en avez délivrée... »

— « Vos idées ne m'ont-elles pas laissé quelque chose dans le domaine du sentiment, plus de liberté, plus de confiance, plus de certitude morale... ? »

« Vous ne pouvez pas me retirer une chose, c'est la grande et bienfaisante influence que vous avez eue sur ma vie morale que vous avez élargie et grandie. »

« A cause du bien que vous m'avez fait, si incomplet qu'il soit par ma faute..... je ne vendrai pas mon clavecin fêlé..... Il faut que vous sachiez, pour me comprendre, que je me fais l'effet d'une maison carrée, sans sculptures, sans ornements d'architecture, sans fantaisies, sans recoins, sans imprévus d'aucune sorte. — Je me souviendrai toujours des harmonies ineffables que ce clavecin a fait naître au-dedans de moi et qui sont exprimées sur la page blanche de mon exemplaire de « *Raison et Christianisme* » : « Mon cœur était si joyeux que je ne le reconnaissais plus pour le mien. » —

La dernière allusion, d'une mélancolie plus accentuée et presque amère, est de 1882 :

« Si vous saviez comme j'ai mal de ce temps où j'avais le loisir de croire que je pensais et que je comprenais la pensée des autres ! Je n'ai plus aucune illusion de ce genre maintenant, mais j'entrevois encore quelques lueurs, surtout je me réchauffe à quelques foyers. »

La correspondance ne cessa jamais tout à fait entre Charles Secrétan et Mme de Pressensé ;

leurs âmes restaient accordées, toutes prêtes à vibrer ensemble au moindre signe. Et de plus en plus en avançant dans la vie, Mme de Pressensé étendait à la famille entière de M. Secrétan les sentiments de reconnaissance et de sympathie qu'elle avait tout d'abord voués à son chef : Les maris avaient été frères d'armes ; elle admirait et chérissait Mme Secrétan ; les enfants s'aimèrent. La belle intimité spirituelle de 1865 n'avait fait que changer de caractère et de terrain ; rien ne s'étant perdu, tout s'étant transformé.

Il y avait eu une heure dans la vie de Mme de Pressensé, heure de détresse presque tragique, où la pensée de Charles Secrétan lui était apparue comme un pont jeté à travers l'abîme. Ce n'était pas l'abîme, mais elle l'avait cru. — Elle passa ; et trouva sur l'autre bord bien mieux que le système humain le plus intimement adapté ; car il ne faut rien moins que Dieu à l'âme qui le cherche. Fut-elle dès lors en possession de la pleine lumière ? Non, mais elle acquit quelque chose de supérieur à la lumière elle-même : c'est-à-dire un respect plus grand pour ces obscurités et pour ces mystères qui sont ici-bas selon la volonté de Dieu.

— « Connaissez-vous l'Anglais Robertson ? » écrivait Mme de Pressensé à Charles Secrétan en 1867, du ton dont on présente incidemment un étranger à un ami ; « ses sermons, ou plutôt ses notes de sermons me consolent de bien des choses. » — C'était dans la phase encore pleine quoique légèrement décroissante de la première influence.

Elle y revient peu après :

— « Connaissez-vous Robertson, le prédicateur de Brighton ? Je l'avais rencontré (le livre, bien entendu, et non l'homme qui est notre contemporain, mais qui est mort à 36 ans), et je l'avais admiré sans le comprendre, comme on admire ce qui ne correspond pas au degré de développement où l'on est parvenu. Mais cette année il me remue jusqu'au fond. Ce sont quatre volumes de sermons ! ou plutôt de notes retrouvées après sa mort. Eh bien ! ce livre si peu attrayant me fait l'effet combiné d'un beau roman anglais, plein de réalité et d'idéal, d'un traité de psychologie, et d'un beau livre de philosophie... Puis je me suis procuré la vie et les lettres de l'auteur, et je ne l'ai trouvé ni moindre que sa pensée, ni en désaccord avec elle... »

Bientôt, ce sera « Robertson » tout court, et souvent ; elle parle de lui sans cesse, même quand elle ne le nomme pas. Elle est à ce degré bien connu de la pénétration par influence où nous n'avons plus une pensée sans que, rencontrant aussitôt celle de l'écrivain ami nous ne la donnions pour appui et contrôle à la nôtre.

Qui était « le prédicateur de Brighton ? » Un jeune homme, nature à la fois martiale et tendre, qui ayant à peu près perdu les anciennes croyances au cours de ses études théologiques s'était raccroché à « la foi en l'idéal moral »,

7

(« Quoi qu'il en soit, ce qui est évidemment bien, c'est de faire ce qui est bien ») s'était aperçu en luttant que l'homme n'est point seul dans la bonne lutte (« Celui qui tend sincèrement à la perfection découvrira bientôt qu'il y a un Esprit qui n'est pas lui, mais qui existe en dehors de lui, qu'il ne cherchait pas, mais qui le cherche... ») et enfin raffermi, libéré, avait consacré son christianisme nouveau en travaillant parmi les ouvriers de Brighton.

Robertson, c'était un de ces feux allumés trop tôt dans un pays ou à une époque donnés ; trop tôt, non pour ceux qu'ils éclairent de quelques lueurs prophétiques, mais pour eux-mêmes, une souffrance intime étant attachée à leur vocation. Il fut incompris, blâmé, méconnu lourdement ; il souffrit, et sa sensibilité de femme qui multipliait sa souffrance le rendait capable en revanche de tout comprendre et de tout plaindre : « Mon malheur ou mon bonheur, disait-il, c'est le pouvoir de sympathiser. »

Il avait voué à la personne du Christ un amour enthousiaste qui, venait-il à s'exprimer, transformait sa physionomie et sa voix. Un de ses principes éprouvés par sa vie était que l'action doit précéder la foi : la faire naître ou l'affermir.

Comme prédicateur, il connaissait l'art, appliqué sobrement, des grandes conceptions poétiques ; sa pensée avait ce son pathétique familier aux âmes qui ont passé par les abîmes. Nul ne parla mieux que lui de la solitude humaine et de l'Infini qu'il respectait trop pour l'emprisonner dans aucune formule. *Dieu est...* Il n'avait pas de système. Sa vie se consuma dans le travail et par la souffrance ; et il acheva prématurément, en 1853, une existence qui avait eu à peu de chose près l'étendue de celle du Maître bien-aimé.

Mme de Pressensé lisait les Sermons et la Vie de Robertson dans l'édition anglaise vers 1867 ; quelques années plus tard, en 1871, Mlle Emma Warnod, sa chère amie et une de nos meilleures plumes protestantes, donnait une traduction distinguée du *Choix de Sermons* ; enfin, après un intervalle de trente années *la Vie et les Lettres de F. W. Robertson* ont paru récemment (1900) (1), en adaptation française sous la signature de Mme Jean Monod. Ce fut la dernière lecture de Mme de Pressensé ; on sait quels liens étroits la rattachaient à la traductrice. N'est il pas joli que, de deux parts, deux de ses amies aient travaillé à répandre l'œuvre qu'elle aimait ?

Le public français est désormais en mesure de juger par lui-même.

Pour moi c'est avec un intérêt vraiment passionné que j'ai relu les *Sermons* et *la Vie* de Robertson, après les lettres intimes où Mme de Pressensé épanchait ses doutes dans une grande âme amie ; — tant la ressemblance est étroite, et tant ce sont les mêmes accents et souvent les

______

(1) Paris, librairie Fischbacher.

mêmes mots, la pensée imposant la forme à un certain degré d'intensité. Non qu'il y ait directement influence subie par Mme de Pressensé; les dates ne permettent pas de l'établir, et d'ailleurs n'entendons-nous pas celle-ci s'écrier avec indignation : « J'ai réellement bien souvent souffert de voir les instincts les plus vrais de ma nature, les besoins les plus élevés de mon esprit, toujours attribués à des influences, comme si je n'avais point de vie propre! »

Ce qu'il y eut, ce fut une rencontre fortuite entre deux pensées dont l'une avait à peu près achevé son évolution quand elle connut l'autre. Je pense ici au mot de Longfellow sur *les vaisseaux qui passent dans la nuit*, se rencontrent, échangent un signe, et poursuivent leur route. Encore ne peut-on pas dire que l'âme de Robertson ait salué celle de Mme de Pressensé, mais Mme de Pressensé en saluant Robertson, sous le demi-jour très doux des rencontres spirituelles, dut éprouver une grande émotion. Ce n'était pas sans doute l'illumination soudaine et majestueuse de toute sa vie et de toute son âme par la pensée de Ch. Secrétan; mais ce furent les joies aussi pénétrantes quoique plus calmes de la communion. Etre seule, en souffrir, et découvrir qu'on n'était pas seule! constater qu'un autre esprit supérieur au vôtre a connu l'amertume des mêmes impuissances et a recouru, pour des motifs aussi sérieux, aux mêmes solutions !

L'analogie s'accuse dans une série de passages

dont je ne puis ici détacher que quelques-uns.
C'est particulièrement sur le sujet de *la prière*
que se rencontrent leurs aspirations dans leur
haute spiritualité.

« Toute prière est destinée à transformer la
volonté humaine en soumission à la volonté
divine..... »

— « La vie la plus sainte est celle où il y a
le moins de demandes et de désirs et le plus de
confiance en Dieu, celle où la demande se trans-
forme le plus souvent en actions de grâce... »

« La sagesse divine nous a donné la prière,
non pas comme le moyen d'obtenir tous les biens
de ce monde, mais comme le moyen d'apprendre
à nous en passer ; non pas comme un talisman
qui nous fait échapper aux malheurs, mais comme
un fortifiant qui nous rend capables de les supporter. « Et un ange lui apparut du ciel pour
l'encourager. » Voilà la réponse à la prière (1). »

— « Les mots ont un pouvoir étrange, celui
de nous cacher Dieu..... »

— « Ne tremblez pas devant l'Océan sans
rivages de la vérité, même si vous sentez qu'il
vous submerge. — *Il faut que la vérité de Dieu
soit illimitée...* »

— « Soyez-en bien convaincus : nous avons
ici-bas quelques connaissances, bien limitées, à
acquérir, *beaucoup à supporter* et quelque chose
à faire. »

(Extrait du Choix de Sermons et des Lettres).

(1) Voir sur le même sujet pages 64-66.

Mais pour que l'âme de cette femme s'attachât à une autre âme, selon la belle expression biblique, il fallait que non seulement on fût à sa hauteur de développement, mais encore qu'on la dépassât, qu'on la devançât sur quelque point... Les douceurs de la communion, oui ; mais aussi, mais surtout, le contact avec un idéal vivant !

« Je ne sais ce que je donnerais pour que Jésus devînt pour moi ce qu'il était pour lui ! » s'écrie-t-elle, parlant de Robertson. Voilà l'attrait. Il me semble que si Mme de Pressensé a aimé le prédicateur de Brighton, c'est surtout à raison de l'amour passionné qu'il avait pour Jésus-Christ, à raison aussi du caractère intime que revêtait chez lui cette affection sacrée.

On nous dit en effet qu'il en parlait peu, et que dans la conversation il se serait arrêté une seconde, suspension respectueuse et émue, avant de prononcer le nom du Maître ; mais il écrivait avec plénitude, quoique sans *le* nommer encore :

« Pensez ce que vous voudrez, ne le méconnaissez pas, *lui*, sous peine de perdre la seule grande certitude à laquelle je n'ai cessé de me cramponner dans mes heures les plus sombres : la beauté, l'harmonie parfaite, la noblesse incomparable de l'humanité du Fils de l'Homme...

Les souffrances de Christ sont assez compréhensibles pour quiconque sait ce que c'est qu'être blessé au cœur par les douleurs et les fautes des autres. Ce qui est incompréhensible, c'est le *degré* de sa souffrance ; pour le comprendre, il faudrait être semblable à lui, aimer comme lui... »

— « L'aimer, l'adorer... Mon expérience finale est que je me détourne avec dégoût de tout ce qui n'est pas *lui*. Il me semble que j'entrevois par moment ce qui se passait dans son âme et je suis certain que je l'aime de plus en plus. J'ai parfois le sentiment si intense d'une Présence invisible, que ma solitude me fait l'effet d'une bagatelle, dont il ne vaut pas la peine de parler. »

C'est de ce foyer où couvait la grande flamme que Mme de Pressensé s'approcha, dans son désir d'aimer Christ — qui était déjà à son insu le meilleur amour.

Ses jugements d'ensemble sur Robertson portent la marque ardente de l'enthousiasme et de l'intensité morale auxquels elle nous a accoutumés sur ces sujets d'influence mystique :

« Ce livre atteint tout l'être et fait vibrer toutes les cordes... *J'en ai vécu et j'en vis encore.* »

« Quand je suis arrivée, dans sa biographie, à sa mort, je vous assure que *j'ai senti mon cœur se briser* comme pour celle d'un ami... *Je n'ai pas assez de beauté morale* pour pouvoir désirer de l'avoir connu personnellement. *Je suis cependant de sa famille...* »

« Mes semblables me paraissent de plus en plus dignes d'intérêt, de sympathie, quelquefois, rarement il est vrai, *d'admiration*. La rencontre d'une individualité comme celle de Robertson me réchauffe pour tous. N'est-ce pas légitime ?

Je voudrais seulement que la pensée de Jésus-Christ me réchauffât plus encore... »

« Ne trouvez-vous en lui que de la poésie ? Moi, *j'y trouve tout* ; quelques-uns de ses sermons me font sentir en moi, dans sa richesse, le flot de vie qui d'ordinaire ne coule que goutte à goutte. »

Quant à la morale indépendante qui l'intéressa et qui même, un moment, la rendit captive par l'influence de M. F. Pécaut, elle ne lui inspira jamais pour aucun de ses représentants les mêmes sentiments de ferveur. Un de ceux qui l'ont le plus noblement appliquée, M. Pécaut lui-même l'a avoué à regret mais avec pleine loyauté : la morale manque de poésie (1) ; elle ne sait pas éveiller les enthousiasmes. Il n'en est pas moins vrai qu'à une heure donnée (1868 à 1869) Mme de Pressensé aurait pu dire de l'influence de la morale ce qu'elle déclare ici à propos des conférences de M. Pécaut :

« C'est... un des mille courants qui font vaciller ma pauvre lampe, mal abritée, toujours à demi éteinte. A chaque instant tout m'échappe, sauf cette foi au bien dont vous parlez aussi comme de votre seule ancre. »

Oui, elle fut impressionnée un temps par le système, généreux et pur à certains égards, qui fait appel non plus à la conscience chrétienne

---

(1) Dans un ouvrage récemment publié chez Delagrave : *Quinze ans d'Education.*

mais à cette conscience humaine qu'elle avait déclaré préférer. La vie de M. Pécaut, qu'elle connut intimement ainsi que sa femme, et son œuvre auprès de la jeunesse féminine française, lui inspirèrent une admiration sans entraînement mais réelle ; et M. Pécaut, un moment, put anticiper la satisfaction de recevoir cette âme de race parmi les néophytes de sa religion laïque :

« Il m'a dit tant de fois : « Si vous êtes fidèle à votre pensée et à votre conscience, vous en viendrez exactement où j'en suis… » —

Tant de fois cette petite phrase sous-entend des entretiens intimes, et une tentative d'influence contre laquelle elle ne tarda pas à réagir. En dehors de toutes autres considérations, le déisme vague et satisfait de M. Pécaut n'était point ce qu'il fallait à sa nature ardente, inquiète qui préféra toujours aux systèmes le saint frémissement de l'esprit devant la vérité illimitée ; le directeur de Fontenay possédait avec excès ce qui manquait peut-être à Robertson.

Donc, l'attention profonde d'un moment redevint curiosité sympathique à l'égard de la morale. Elle avait dans son rayon immédiat une amie Kantienne, femme fort distinguée dont elle dira : « C'est une âme que j'aime » — ; et elle se plaisait à suivre sur cette âme, comme nous sur un paysage familier, toutes les vibrations de la lumière morale et le passage de toutes les ombres ; elle préférait celles-ci ; car les joies trop sereines avec ou sans Dieu, sans Dieu surtout !

lui paraissaient volontiers factices ou orgueilleuses.

Au-dessus de tout, hâtons-nous de l'ajouter, elle respecta les moralistes convaincus, et elle crut en eux, comme dans sa profonde tolérance elle respectait tous ceux qui vivent ici-bas d'après leur conscience, et comme elle croyait au bien sous toutes ses formes :

— « Si l'on ne croit pas en Dieu, si même, sans le nier, il n'est pas l'objet d'une affirmation vivante, n'est-il pas heureux qu'on puisse trouver ailleurs que dans cette idée la loi du bien ? Je ne dis pas ailleurs qu'en Lui, car s'Il existe où ne le retrouve-t-on pas ? Jusque dans ces négations hardies, inspirées par l'amour de la justice et de la liberté… ! »

— « Rappelez-vous », écrit-elle encore avec une élévation superbe, « qui sont ceux que Jésus appelle ses frères et ses sœurs. N'est-ce pas là l'expression du lien bien réel entre nous et tous ceux qui, dans quelque pensée que ce soit, obéissent à leur conscience ? Ce qu'ils appellent justice, nous l'appelons Dieu, *nous nous entendrons mieux un jour…* »

De 1864 à 1867, bien des souffles poétiques étaient venus caresser l'âme de Mme de Pressensé, sous prétexte de théologie ou de philosophie, avec Robertson et Charles Secrétan. Mais la poésie proprement dite faisait partie de son existence morale dès cette époque : D'une part elle en fait, écrivant comme en marge de sa propre vie des strophes vibrantes adressées à tous ceux qui, comme elle, aiment et souffrent ; d'autre part elle en lit ; et de son propre aveu elle ne lit même que cela : « Dans ce moment je ne lis guère que de la poésie ; et voyez mon malheur : les poètes qui me sont le moins sympathiques comme tendances sont ceux que j'aime mieux et qui me charment » (1869). C'est qu'il faut faire la part du petit élément de romanesque et de hardiesse inclus dans sa nature si féminine !

« J'ai soif de poésie ! » s'écrie-t-elle, « oui, même de poésie rimée. Elle n'a aucune place dans notre vie, personne ne s'en soucie, et j'apprendrai avec le temps à ne pas en avoir le *heimweh*, mais c'est encore une de mes faiblesses. »

Elle va butiner à travers toutes les littératures, aperçoit, à côté de Musset, Heine dont elle se délecte et sur lequel elle écrit avec son charme pathétique de sentiment :

« Dites-moi une fois si vous aimez Heine, si l'aiguillon empoisonné qui ressort souvent même de ses plus transparentes gouttes de rosée vous reste au cœur ? *Cette exquise simplicité de forme me ravit.* »

La simplicité... c'est le même mot, dramatisé par une épithète forte, qui lui sert à caractériser Alfred de Musset : « Sa *poignante* simplicité me fait passer un frisson dans les veines. Ne l'avez-vous pas senti, ce frisson...? »

Elle lit volontiers quelques morceaux du chansonnier vaudois Juste Olivier, en qui elle reconnaît un vrai poète malgré certaines mièvreries et subtilités de forme ; — elle ouvre Laprade pour constater qu'elle ne l'aime point, mais voudrait l'aimer en sa qualité de poète chrétien ; quant au doux Longfellow, elle est familière avec lui au point de s'en être inspirée (*le Psaume de la Vie, les Deux Boucles de Cheveux, le Moissonneur et les Fleurs*). On s'étonne au premier abord de cette préférence pour un talent qui, s'il eut le charme serein d'une clarté d'étoile ou d'un lever de lune, ne connut jamais les ébranlements de la grande passion ; pour une personnalité poétique si différente en tout de celle de Musset, son héros. Pourquoi elle a aimé le poète exquis d'*Evangéline ?* Sans doute pour sa douceur en face de la mort dont la main ne brise pas mais cueille... et qui joint une dernière fois les âmes qui se sont aimées ; pour la suavité voilée de son sentiment ; — ne pouvait-on pas supposer que lui aussi sentait au delà de ce qu'il exprimait ? — et quelquefois, rarement, pour son énergie anglo-saxonne, productrice d'énergie :

« N'entends-tu pas ton cœur qui bat dans le silence ? Marche ! . . . . »

(Le Psaume de la Vie).

Un mot de Mme de Pressensé dans son Journal nous fait supposer qu'elle ne resta pas absolument fidèle à cette sympathie de jeunesse : le poète américain, traversant Paris en 1868, avait exprimé le désir de connaître l'adaptation française qu'elle avait donnée de ses poésies. On négligea d'avertir la traductrice ; Longfellow passa... Elle en ressentit quelque dépit, voire une nuance d'amertume qui la surprit elle-même. « Car, ajoute-t-elle, il est certain que je n'avais pas beaucoup désiré être mise en rapport avec lui. » Pourquoi cette réticence ?

Je l'ai fait entendre, si Mme de Pressensé eut plusieurs poètes préférés ou amis, il n'y eut pour elle à proprement parler qu'un poète, qui était le poète : Musset. On peut dire d'elle que son sentiment revêtait naturellement la forme réservée et si fine de Longfellow, mais que ce sentiment lui-même avait les ardeurs propres à Alfred de Musset. Il aimait, elle aimait ; lui plus bas, elle plus haut, elle encore avec pureté et tout spirituellement, en s'élevant de l'amour individuel à l'immense charité. N'importe ! à travers tant de différences, c'était la même flamme et la même souffrance. C'était, comment dirai-je ? le même amour passionné pour l'amour, dans quelque sens qu'on veuille entendre ce grand mot.

> — « Pourquoi vis-tu, toi qui n'as point d'amour ? »
> — « J'aime et je veux souffrir ! »

Elle lui écrivait :

« L'amour vrai, l'amour pur, l'amour qui remplit l'âme,
Plus puissant que la vie et plus fort que la mort,
...L'amour qui nous grandit, l'amour qui nous console,

L'amour qui vient d'en-haut, tu ne l'as pas connu.
Il ne t'a pas au front posé son auréole...
Pauvre cœur abusé, non, tu n'as pas vécu.
Tu souffres. . . . . »

A s'assimiler à lui, Mme de Pressensé ne songeait
guère en son abnégation. Elle songeait plutôt à
grandir celui qui lui était apparu si grand par le
génie ; elle trouva ceci : qu'en chantant son désespoir il avait exalté aussi la douleur de l'humanité, expression vivante d'une solidarité dont
il n'eut pas conscience, mais qui se reconnut
autour de lui aux vibrations de toutes les âmes.

Elle le lui avait dit à lui-même dans les plus
beaux vers, peut-être, qu'elle ait écrits :

« Enfant de notre siècle, homme de ses douleurs,
De notre mal sans nom tu nous dis la beauté.
En toi nous avons vu grandir notre impuissance
Jusqu'aux proportions de sublime souffrance,
Et notre désespoir, lorsque tu l'as chanté,
Nous a paru plus beau même que l'espérance... »

— Et elle le répète en prose, s'adressant à
M. Charles Secrétan :

« L'idée de la solidarité le rendrait plus sympathique encore, car je suis sûre que ce poète in-
comparablement vrai en est l'expression involon-
taire et passive. C'est une grandeur de second
ordre, mais c'en est une. En être l'expression
consciente et volontaire, c'est la grandeur des
grandeurs, n'est-ce pas ? »

Elle aima Musset, comme poète, pour « sa poi-

gnante simplicité » et pour tout ce qui fait qu'il
est Musset et non un autre ; elle l'aima aussi
comme âme humaine, si tant est qu'on puisse
faire de telles distinctions à propos de celui dont
Mme Arvède Barine résumait ainsi toute la personnalité. « C'était un homme » ; mot plus émou-
vant que des apothéoses. Mme de Pressensé allait
mettre son ardeur romanesque, ses belles facultés
d'enthousiasme, et aussi son sérieux chrétien,
au service de sa sympathie pour le poète de la
jeunesse et de l'amour. Ils étaient inconnus de
visage l'un à l'autre, n'avaient rien échangé et
ne devaient jamais se rencontrer, sinon en poésie.
Mais Mme de Pressensé, pour sa part, excellait à
vivre de l'invisible en amitié. Elle avait dit, un
jour, moitié riant, qu'elle ne se sentait ni assez de
beauté morale pour regretter de n'avoir pas
connu Robertson, ni assez d'agréments extérieurs
pour aller à la rencontre du poète Alfred de
Musset. Dans l'un et l'autre cas, elle se faisait
tort. Ce furent donc une fois de plus des rapports
tout mystiques, et d'elle à lui plutôt que de lui
à elle, délicatesse et ardeur s'unissant dans son
âme comme dans un paysage d'automne. Les
beaux vers impersonnels qu'elle dédie à Alfred
de Musset vivant, pour le supplier d'aller aux
pieds de Dieu sanctifier sa grande faculté d'amour
et de souffrance ; les autres vers beaux encore et
aussi discrets à Alfred de Musset, mort pour se
désoler de l'oubli rapide (Nul n'a seulement san-
gloté auprès de sa tombe !) ; l'Évangile qu'elle lui

a fait remettre pendant son agonie lente et qui lui revient tout souligné par la main du poète ; le chat favori qu'elle revendique humblement après la mort comme sa part d'héritage, — ce mélange de grandes émotions et de détails presque puérils composent une sorte de poème romantique en une page au charme contenu, au sentiment voilé... En voici l'épilogue de la main même de Mme de Pressensé :

« Et tu vécus ainsi toujours plus solitaire.....
...Et tu ne savais pas qu'il était sur la terre
Des cœurs où ton nom seul éveillait la prière,
Des amis inconnus qui te tendaient la main. »

(Extrait des vers « A Alfred de Musset » 2e morceau)

Faisant un jour le compte de tous ceux vers qui elle s'était sentie attirée, de tous ceux également qui avaient répondu à son élan, Mme de Pressensé, écrivant à Charles Secrétan, concluait avec confusion, mais non sans une pointe de gaieté :

« Quel être sans consistance et sans nature propre suis-je donc pour pouvoir convenir à tout le monde, tout comprendre, tout aimer ? c'est humiliant ! Pécaut, Robertson, André Léo et avant eux vous, mon ami, tous ont agi, tous m'ont donné de leur âme, et ils se contredisent cependant... »

André Léo ! Ce pseudonyme qui ne paraît pas avoir été adopté par modestie recouvre une des plus vives amitiés féminines de Mme de Pres-

sensé : Mme Champseix avait passé quelques
années en Suisse, à Lausanne, où son mari, exilé
politique, avait trouvé abri sinon accueil, car la
porte du monde religieux leur était restée her-
métiquement fermée : « Si vous eussiez été à
Lausanne en même temps qu'elle... ! » écrit
Mme de Pressensé à M. Secrétan ; regret rétros-
pectif. — En 1869, Mme Champseix, devenue
veuve, vivait à Paris, y élevant avec vaillance et
sérieux ses deux fils dont les noms unis for-
maient son pseudonyme d'écrivain : André, Léo ;
et préparant largement l'avenir. Car cette femme-
là, de toute la force de son intelligence, avait
adhéré au socialisme et le pratiquait ; son
modeste intérieur s'ouvrait aux chefs de ce parti
et reçut plus d'une fois le dépôt de papiers compromettants ; il allait devenir le rendez-vous des
principaux acteurs de la Commune, parmi lesquels Malon, que Mme de Pressensé connut chez
elle ainsi que, toutes proportions gardées, *Geneviève* devait rencontrer *Savigny* chez *Céline*.

Par ses relations, par ses tendances non
moins que par sa remarquable intelligence,
Mme Champseix était donc, dans toute l'étendue
du terme, une femme intéressante et dangereuse.
Ce n'était pas précisément l'amie qu'on eût
choisie du Viez pour Elise du Plessis, pas même
de la paroisse Taitbout... C'était une croyante
cependant, mais dans le sens pour nous vide
et désolé du mot ; c'est-à-dire que la foi au progrès indéfini de l'humanité la rattachait seule à

la vie et à l'action. Mais il ne fallait pas lui parler de Dieu ni du christianisme ! Nature franche, âpre, passionnée, qui devenait brutale par nécessité et quelquefois par fanfaronnade, elle s'occupait rudement à déblayer le passé (préjugés, croyances), afin de pouvoir reconstituer sur l'heure quelque chose qui vaudrait mieux ; elle se portait vers son but d'un grand mouvement direct, sans regarder ni à droite ni à gauche, encore moins en arrière pour mesurer l'opinion qu'on avait d'elle ; car une fois pour toutes et énergiquement elle avait résolu de conformer sa vie à sa pensée, sans concessions ni sans aucune de ces atténuations légères que conseille un certain tact mondain. Elle en manquait absolument ; c'est Mme de Pressensé qui le reconnaît au travers de son enthousiasme :

« Bien des choses en elle me froissent ; je voudrais pouvoir la saupoudrer des exquises délicatesses de nos femmes auteurs du Faubourg Saint-Germain... »

Mme Champseix avait eu le bonheur de mettre au service de sa cause un talent littéraire distingué. Parmi les trois ou quatre beaux romans subversifs qu'on lui doit : *Les Filles de M. Plichon* — *Aline Ali* — *Le Mariage scandaleux*, le dernier m'a absolument séduite par la puissance dans l'expression de la passion, par une sorte de force vierge et de fraîcheur idyllique qui passe du paysage sur les âmes. C'est comme une nouvelle création à laquelle présiderait un esprit nouveau de vérité et de simplicité. La meilleure pensée du livre s'exprime dans ce dialogue mental de Lucie Bertin, la petite héroïne au jaconas rose et au fichu de tulle brodé, tandis que traversant les bois elle remarque à part elle la beauté opulente de la mousse, la compare à du velours, puis rougit de sa comparaison et s'écrie :

« Du velours ! et pourquoi dire ainsi ? Le velours est-il plus riche que la mousse ? Non, car il se fane aisément et se détruit, tandis que cette mousse, un instant foulée, va se relever et continuer de croître. Ah ! le vrai luxe, la vraie richesse, la vraie beauté sont dans la nature ! »

De là à conclure que la vraie beauté de la vie sera pour elle, petite bourgeoise, d'épouser l'ouvrier campagnard Michel, parce qu'il est le plus noble des cœurs virils dans la plus rationnelle des existences — il n'y a qu'un pas, et Lucie le franchit allègrement de son petit pied.

« Il est bien étrange », dira-t-elle en ouvrant des yeux d'enfant étonnée, « qu'une chose reconnue bonne et honnête ne puisse pas se faire à cause de l'opinion. »

Oui, vous avez raison, Lucie, Geneviève, ou plutôt votre enthousiasme a raison ; mais sur le terrain de la vie pratique que vous ne connaissez pas vous aurez longtemps tort.

J'entends Mme de Pressensé s'écrier : « Nous sommes tous faussés, rapetissés et frelatés ! »

Ce fut *Aline Ali* qui révéla à Mme de Pressensé le talent et la personnalité morale d'André Léo ; son enthousiasme pour cette œuvre qui produisit sur sa sensibilité vibrante l'effet d'un « sanglot de lumière » — le mot de Hugo — détermina leurs relations.

« J'ai lu un roman qui m'a beaucoup remuée, *Aline Ali*, d'André Léo. Il m'a à la fois ouvert les yeux et atteint au plus profond du cœur. On m'assure qu'il me faut beaucoup de courage pour dire que je l'aime, malgré d'horribles inconvenances, malgré la haine du christianisme qui l'inspire. J'ai été seule de mon bord, mais on me l'a pardonné depuis que je me suis rencontrée là-dessus avec M. de Rémusat... »

Mme de Pressensé écrivit à André Léo ; et dans cette première lettre elle oubliait sa timidité jusqu'à lui demander un rendez-vous. Quelques jours après elle allait la voir chez elle ; c'était au premier printemps, le jour est resté marqué. Les deux femmes se rencontrent, se serrent la main, l'une du moins profondément émue, se mesurent du regard, et après avoir constaté l'une pour l'autre qu'elles sont simples et franches, — les deux qualités royales à leurs yeux, — elles s'aiment, elles s'aimèrent. Leur affection abondante en témoignages (visites faites et reçues comme à la dérobée deux à trois fois par semaine ; échange fervent de petits billets) eut le caractère d'un attachement romanesque : « J'aime cette femme avec une passion étrange », écrira Mme de Pressensé.

Cette relation la fit souffrir par le blâme général dont elle fut l'objet, mais elle l'avait prévu et déjà accepté. Et à ceux qui tentaient de la prémunir contre une influence subversive, elle répondait simplement par cette belle raison du cœur : « Il est trop tard pour me mettre en garde contre elle : *je l'aime.* »

Le récit de sa première visite à André Léo se lit à la dernière page de son journal dans le ton d'ardeur contenue qui est sa vraie manière et qui donne à sa prose l'expression d'un poème anglais :

« Le jeudi 25 février, je suis allée voir André Léo. Mon cœur battait à me rompre la poitrine. Elle est venue au-devant de moi avec un franc sourire, un regard sympathique. Le lundi suivant elle est venue me voir. Le jeudi, j'y suis encore retournée ; elle était seule, je suis restée deux heures et demie. Elle est venue encore me voir le mardi après, elle m'a demandé mon livre, je le lui ai envoyé ; elle m'a écrit à ce sujet. Si elle ne m'avait pas connue avant de le lire, elle n'aurait senti que ce qui nous sépare, bien qu'elle trouve que je comprends bien la vie : Je vais la voir aujourd'hui. Mon cœur bat, c'est étrange ce qu'elle me fait éprouver. »

Voici la contre-épreuve, plus froide, de ce témoignage intime dans la première lettre adressée par André Léo à Mme de Pressensé :

« Madame,

Ce que je cherche avant tout dans l'être humain, le vrai fond pour moi de la sympathie, c'est la sincérité et la bonté. Avec ce point de départ, le but est toujours le même ; on ne diffère que sur les moyens. Or qui ne diffère sur les moyens au temps où nous sommes ?... Je ne crois pas que nous parvenions à nous entendre sur l'Evangile ; mais si nous nous entendons sur les réalisations actuelles de la justice, il n'y aura pas grand mal.

J'ai été touchée de votre visite, par le sentiment qui la dictait. Je l'ai été plus encore par cet accent de franchise et de simplicité de cœur que j'aime tant et que, je vous le répète, je préfère à toutes choses, mais que je suis plus heureuse encore de trouver unis à une intelligence élevée... »

Il était heureux, il était indispensable qu'une absolue franchise présidât à l'intimité entre deux natures aussi disparates, que rien ne rapprochait, sinon une certaine générosité native et l'attrait pour la question sociale ; il est vrai que c'était déjà beaucoup. Jamais Mme de Pressensé ne s'était trouvée aux prises avec une haine aussi vivace et un dédain aussi provoquant de tout ce qui s'appelle Dieu, Christianisme, Evangile. Cependant elle écrit :

« André Léo et moi, nous sommes arrivées à une grande intimité. C'est une femme un peu rude, bien qu'elle ne l'ait pas été, certes, pour moi et malgré ses préventions contre notre monde chrétien, m'ait accueillie avec une bienveillance extrême.

Nous avons eu cinq ou six entrevues, et je n'ai jamais parlé plus sincèrement, plus librement qu'avec elle. Ce qu'il y a dans son esprit d'un peu absolu, d'un peu brutal, vous met à l'aise. Elle est généreuse et sincère, et fortement croyante à sa manière, bien plus que moi à qui tout échappe sans cesse. Ainsi elle croit à la vie future, elle qui ne croit pas en Dieu ; mais quelle étrange confusion entre le Dieu que notre âme désire et cherche et porte en elle et celui qui a servi de symbole et de prétexte dans l'histoire de l'humanité à toutes les oppressions et à toutes les tyrannies... Mme Champseix m'a dit un mot terrible. Je lui demandais si elle jugeait le Christianisme d'après l'Evangile ou seulement d'après une idée préconçue, et comme je la pressais de le relire par simple équité elle m'a répondu : « Nous n'avons pas le temps d'être justes envers le passé, il faut d'abord le détruire ! » Il est vrai qu'elle m'a concédé ensuite que c'était une mauvaise parole et m'a promis de faire cette étude, mais non sans parti pris. Le plus grand témoignage de sympathie et d'affection qu'elle me donne, c'est de me dire : « Vous êtes si peu chrétienne ! » et moi je lui dis : « Vous êtes bien plus chrétienne que vous ne pensez l'être. »

André Léo se trompait : la foi chrétienne de

Mme de Pressensé n'avait jamais été plus vive, plus impatiente de se communiquer, qu'après s'être mesurée aux négations insolentes et dures de sa grande amie. C'est ainsi que l'épreuve renforce tout ce qui a quelque force en soi et quelque profondeur. Quand Mme Champseix eut déclaré : « Nous n'avons pas le temps d'être justes envers le passé, il faut d'abord le détruire, » elle dut baisser les yeux, elle qui ne les baissait guère, sous le regard qui lui répondit : Détruire sans vouloir juger, est-ce de la sincérité ? Le lendemain, elle écrivait à sa nouvelle amie une lettre d'explications qui ressemblait à une lettre d'excuses, malgré le ton altier et tranchant de sa discussion ; c'est-à-dire que si l'Evangile n'y recevait guère de satisfaction, il n'en était pas de même de l'amitié :

« Eh ! bien, non, chère Madame, il ne s'agit plus de l'Evangile, au temps où nous sommes, et ce n'est pas à Jésus qu'il s'agit de rendre justice. La question sociale a remplacé la question religieuse... Il nous a été légué par l'Evangile — j'admets que ce ne soit pas sa faute — un cruel et funeste malentendu, trop long, trop délicat à débrouiller au milieu d'une bataille. On verra plus tard. Pour le moment l'essentiel est d'écarter tout prétexte divin à la tyrannie humaine. Suis-je brutale ? N'est-ce pas ?

....J'aimerais mieux parler avec vous de l'avenir que du passé. Cependant, je vous l'ai dit, je crois, je me propose depuis longtemps de faire ce que vous me demandez vous-même, de relire l'Evangile avec attention. Hélas, je n'ai conçu ce projet que pour pouvoir démontrer ce qui est ma conviction préconçue, qu'il a été sur-fait. Mais je vous jure que je voudrais bien ne point vous fâcher en même temps. Voilà un avocat nerveux qui défend l'accusé avant le réquisitoire. Oui, nous sommes en temps de lutte, et il faut déblayer le terrain.

Sermonnez-moi toutes les fois que vous en aurez envie. Je suis bien aise que vous n'ayez point gardé sur le cœur ce vilain mot ; mais je veux aussi vous faire un reproche : ne me sup-posez point assez peu digne de vous comprendre pour ne pas sentir le prix de votre recherche, de votre affection, de votre sincérité... »

Dans une autre lettre, à la suite d'une discus-sion toute semblable :

« Je ne sais si vous me comprendrez bien, » écrit Mme Champseix. « Il est toujours difficile de comprendre ce qui n'est pas encore *de nous*. J'espère du moins, amie, que vous ne serez pas trop heurtée par ma franchise et que vous me pardonnerez nos différences. Pour moi j'ai trop senti le charme de tendresse et la sincérité de votre nature pour ne pas rester votre amie, que vous le vouliez ou ne le vouliez pas. Mais je crois que vous le voudrez... »

Le ton s'est adouci déjà, comme si ce même « charme de tendresse » avait pénétré la nature plus rude de celle qui parle.

Sur la demi-promesse insuffisante qu'elle lui avait arrachée : relire l'Evangile quoiqu'avec prévention, Mme de Pressensé remet à son amie, qui part pour la campagne, un Evangile avec quelques vers de sa façon « pour dorer la pilule amère, » dit-elle. Elle comptait sur le grand silence des champs pour dégager la voix de Dieu et la faire parvenir jusqu'à ce cœur sourd en sa révolte :

> « Vous qui vous êtes tant lassée
> Dans la lutte, au travail fiévreux,
> Laissez errer votre pensée
> Sous les grands horizons brumeux.
>
> Ecoutez l'écho de votre âme
> Aux voix de ce monde enchanté,
> Donnez-lui ce qu'elle réclame,
> Le silence et la liberté,
>
> Et la nuit pleine d'harmonie,
> Les splendeurs roses du matin,
> Les rayons, la beauté, la vie,
> Vous rediront leur mot divin.
>
> ....Le Dieu de tous, vivant mystère,
> Dont la beauté n'est qu'un rayon,
> Lui qu'à genoux je nomme *Père*,
> Peut-être vous dira son nom... »

> (Juin 1869).

C'était leur première séparation, après quatre mois déjà d'intimité.

« J'ai emporté vos vers avec moi, lui répondit André Léo, de la Prairie de Milly, et je les aime parce qu'ils sont harmonieux ; mais jusqu'à présent je ne *sais rien* de plus. Mon amie, je ne vous reproche point votre *Dieu* ; laissez-moi mon *inconnu*. Après tout, sauf l'enfantillage anthropomorphique, ils se ressemblent beaucoup. »

Sur la demande de Mme Champseix, Mme de Pressensé lui avait envoyé en avant-coureur de l'Evangile, son *Journal de Thérèse*, lui présentant avec un noble et simple courage la foi de *Marie Hersant* — la sienne. — Voici la réponse à cet envoi :

— « Il est certain que si je vous avais lue avant de vous avoir vue, j'aurais eu plus de peine à vous connaître. Maintenant, je me sens bien plus portée à ne voir que ce qui nous rapproche, et ce qui nous différencie m'étonne plus qu'il ne me fâche. Je ne puis trop vous remercier de m'avoir fait connaître le lien avant tout.

Dans les premières lignes que j'ai lues du *Journal de Thérèse*, je vous ai retrouvée tout à fait, tendre, pénétrante, réfléchie, et ce qui ne gâte rien, très littéraire. Dans tout ce qui concerne les rapports humains, vous êtes aussi vraie que touchante. Mais, hélas, ce qui gâte ce charmant livre — pour moi — c'est ce mysticisme faux qui enlève l'âme humaine à son objet véritable, la vie, on ne sait comment ni pourquoi. Dieu intervient là comme un mot d'ordre — et cela se sent, je crois, plus qu'ailleurs, parce que vous comprenez la vie.

Je ne suis pas de ceux qui posent des bornes à l'esprit. Le mysticisme, je veux dire le monde de l'invisible sur cette terre — vous voyez que je vais très loin — me paraît un élément nécessaire de l'âme humaine. Mais ce monde-là est nécessairement vague, et surtout, dans ma conviction, il ne doit jamais nuire à celui-ci, qui est avant tout notre devoir et notre tâche ; il doit rester vague comme le veut la nature, la force des choses, et ne pas nuire à nos réalisations ici par un effort vain vers des réalisations douteuses.

..... C'est par la fraternité humaine, *toute humaine*, que le Christianisme a fait du bien, et peut laisser une empreinte. Mais un mysticisme borné (ou réalisé, ce qui est la même chose) et faussement fixé en dehors de la vie réelle, nuira toujours à son influence... Comprenez que tout idéal que vous placez en dehors de la vie lui est enlevé. Et vous savez bien que nous n'en avons pas de trop ici. Ne l'exilez pas. Toutes ces aspirations vers le beau et le bien c'est ici qu'elles ont leur milieu réalisable. En les plaçant dans les nuages, ce sont des trésors que vous gaspillez...

Parlons donc surtout de la vie, vous qui la faites si profonde et si charmante par le cœur... »

En vérité, ce fut un noble échange ! Et on est tenté de répéter, en l'appliquant à la relation des

deux femmes, le mot de Mme de Pressensé : « Quant
à mon amitié pour André Léo, j'accepte d'en
souffrir, je l'ai toujours prévu. Je vous assure
qu'une nature si logique, si une, si puissante
dans sa simplicité vaut la peine qu'on souffre
pour la connaître. »

Comme toujours en amitié, il y avait récipro-
cité de services : Mme de Pressensé recevait, par
l'admiration enthousiaste qu'elle avait vouée
à son amie ; d'autre part elle donnait et désirait
donner plus encore :

« Ne craignez pas, écrit-elle à un ami alarmé,
qu'elle m'ôte ma foi, ou si vous aimez mieux
mon minimum de croyance, que bien des gens
appelleraient incrédulité, mais qui est pourtant
une foi vraie, une confiance, un abandon. Au
contraire, j'éprouve un grand besoin de posséder
mieux ce que j'ai, afin de pouvoir le lui communiquer, si j'ai mieux qu'elle. Je compte pour
cela sur la puissance d'une affection vraie et
profonde. »

Ce fut à son insu tout un ministère exercé
dans un esprit de douceur, de discrétion, et de
largeur. Obtint-il quelques résultats ? Mme de
Pressensé semble l'avoir espéré. Ce qu'on peut
affirmer, c'est qu'à son contact l'incrédulité mas-
sive d'André Léo s'était affinée, ennoblie, et
élevée jusqu'à rencontrer presque la foi de Robertson. Rappelez-vous ce mot de sa dernière
lettre : « Un mysticisme borné, ou réalisé ce
qui est la même chose. » C'est presque le : « Il

faut que la vérité de Dieu soit illimitée » de Robertson.

« Elle est encore bien injuste envers le christianisme, » écrit Mme de Pressensé, « malgré ses sympathies pour certains chrétiens. Du reste, tout ce qu'elle demande, c'est qu'on n'ait pas la prétention de représenter Dieu sur la terre et de proclamer ses volontés particulières. » Et elle conclut : « Je me pose comme règle de ne jamais interpréter la pensée des autres », parole équitable et mot de *la charité qui espère.*

Telle fut cette amitié à laquelle ne nuisit jamais la franchise la plus entière, mais que voila parfois, pour un instant, ce qu'André Léo appelait avec un léger dédain « les scrupules » de Mme de Pressensé.

« Nous ne nous lisons pas bien couramment encore, » écrivait-elle au lendemain d'un malentendu sans importance ; c'était elle qui ne lisait pas bien une nature infiniment plus délicate que la sienne et toujours alarmée : « ma nature de lièvre », disait en riant Mme de Pressensé.....

« Vous êtes si tendre et si charmante, d'ailleurs, que cela me désarme, mais vrai, vous êtes bien étrange aussi..... »

C'est dans la Prairie de Milly, où Mme de Pressensé séjourna avec la plus jeune de ses filles chez André Léo, que nous aimons à évoquer les silhouettes des deux femmes amies, à la fois si loin et si près l'une de l'autre. Elles sont, pour une heure, en dehors de la mêlée ardente, et la paix les visite. Elles s'en vont d'un même pas à travers les champs fleuris ; ou bien elles s'asseyent, leurs enfants jouant à deux pas d'elles, et Mme de Pressensé oubliera « son lorgnon dans les bluets ». Jamais elle ne nous a paru plus féminine, plus souple ni plus fine. Ce sont des jours très doux « mêlés d'averses et de rayons de soleil, comme la vie, » c'est André Léo qui parle. Puis on se sépare attendries, oui, même celle qui ne fut jamais tendre.

« Je ne crois pas qu'elle m'aime beaucoup », écrivait Mme de Pressensé. « Elle m'a reçue comme un phénomène, puis elle a été touchée de mon amitié, mais elle ne fera rien pour s'emparer de mon esprit. Je n'ai jamais vu une personne aussi indifférente, non à l'affection mais à l'admiration. »

Faisons justice d'une déclaration excessive en modestie : André Léo a aimé sa délicate amie, à sa manière sans doute, mais fortement, et elle a subi son charme moral. Pour en être convaincus, il suffit d'avoir remarqué à travers ses lettres l'adoucissement graduel du ton, et la valeur de ce simple petit mot : « amie » qui, isolé entre deux virgules, a le son franc, plein et presque ému. Il suffit encore de lire les quelques lignes toujours sobres adressées à Mme de Pressensé après sa visite à la Prairie de Milly, dont j'ai parlé : André Léo constate que le départ de la visiteuse les a laissés, son petit garçon et elle, tout pénétrés d'une influence, et elle ajoute joliment (savait-elle le prix de cet inconscient hommage enfantin ?) : « André était bien plus doux et plus réfléchi qu'à l'ordinaire quand nous sommes sortis ensemble. »

N'est-ce pas ainsi que Mme de Pressensé touchait en passant tous ceux auprès desquels elle avait vécu ou qui simplement l'approchaient ?

Les attraits passionnés gardent toujours en eux-mêmes quelque chose d'inexplicable. Il me semble, cependant, que si Mme de Pressensé a honoré André Léo d'une admiration si vive, c'est un peu pour son unité morale qui lui avait paru « tout à fait exceptionnelle », et beaucoup pour l'accord qu'elle avait su établir, femme résolue et indépendante, entre sa doctrine et sa vie. « Songez que cette femme est parfaitement d'accord avec ce qu'elle écrit, qu'elle vit comme elle pense — et vous ne vous étonnerez plus ! »

Cette conséquence parfaite — une harmonie encore — c'était l'idéal de Mme de Pressensé. Certaines responsabilités professionnelles et de famille, certaines contradictions de sa nature intime, à la fois timide et hardie, féminine avant tout, l'avaient retenue de conformer exactement sa vie à sa pensée. Il y avait désaccord, et par ce fait souffrance sourde. Recueillons cette confidence douloureusement échappée de son Journal intime :

« Je crois que j'aurais pu être heureuse mais dans le vrai et le bien, et le bien pour moi serait l'accord entre la pensée et la vie. C'est le désaccord qui fait mourir mon âme. C'est absolument pour elle comme pour une oreille délicate la perpétuité des sons discordants ; c'est un déchirement. Je n'ose pas le dire ; d'ailleurs, est-ce bien vrai ? Cependant je ne puis trouver d'autre cause à mon malheur intérieur. »

André Léo sous ses brusqueries, ses étroitesses et ses violences de pensée, réalisait donc pour elle une loi d'harmonie ; elle l'aima pour avoir accompli ce qu'elle n'avait pas pu, et son idéal atteint par une autre lui parut noblement plus proche.

L'amitié des deux femmes traversa la période dramatique de la Commune ; la figure de Malon surgit entre elle et s'imposa. On me dit que Mme de Pressensé s'en alla un jour dans Paris, porteuse intrépide de papiers compromettants que ses amis avait désiré soustraire aux perquisitions. Puis les relations s'espacèrent beaucoup, sans cesser jamais tout à fait.

Quant à l'influence d'André Léo sur Mme de Pressensé écrivain, elle s'affirmait encore quinze ans plus tard par la publication de *Geneviève* (1885). *Lucie Bertin* en mettant, d'un geste franc, sa jolie main dans la main calleuse de *Michel*, avait rendu possible, acceptable, presque anodin, le roman de *Geneviève* et de *Jacques ;* ce que l'une avait fait au nom du bon sens et par passion humaine, l'autre le ferait, et combien plus ! portée par son rêve rédempteur. (« Il faudra bien qu'elle se laisse sauver...

nous l'aimerons tant ! ») La différence morale entre les deux héroïnes, c'est exactement la distance entre les deux femmes. Leur socialisme les sépare pour le moins autant qu'il les rapproche.

Je n'ai voulu que relever ici quelques amitiés exceptionnelles dont la valeur est d'avoir contribué directement au développement moral et intellectuel de Mme de Pressensé. Quelques-unes furent en outre la poésie de sa vie, et toutes ou presque toutes révélèrent en elle des ardeurs inconnues. Quant à ces bonnes amitiés permanentes qui bordèrent pour elle les deux côtés du chemin, comme les fleurs du Viez dans ses promenades d'enfant, leur intimité et leur douceur même défendent qu'on en parle, sinon pour les nommer avec le doigt sur les lèvres : Mme Jean Monod, « l'âme la plus profonde et la plus délicate que j'aie rencontrée », écrit-elle ; et elle la rencontra souvent dans une correspondance soutenue d'une intimité toute spirituelle (1847-1901) ; Mme Clara Monneron (auteur d'*Augustin*) qui devait passer quelques années près d'elle, à Saint-Denis où son mari exerça le ministère ; Mme Coignet déjà nommée, Mlle Emma Warnod ; etc., etc. (1), sans parler des collaboratrices qu'elle allait se donner

(1) Nos propres souvenirs nous permettraient de citer d'autres noms ; n'avons-nous pas été élevées dans l'amour et la vénération de Mme de Pressensé !

pour ses œuvres de charité, sans parler de sa famille : sœur, belle-sœur, cousines, filles ; car il fallait qu'elle fût aussi l'amie de ceux et de celles que des liens naturels lui rattachaient dans des relations déterminées. Ne voulut-elle pas être encore la meilleure amie de ses petites-filles ?

CHAPITRE IV

« Je n'ai pas une grande confiance dans mon intelligence, j'en
ai, je l'avoue, dans les battements
de mon cœur. »

— Mme E. de Pressensé.

La Vocation : « Je suis née solidaire » — « Mon cœur
est avec eux » — « Aimer moins ou aimer davantage ! » — Tourments d'amour : l'Aumône. — « J'ai
le cœur peuple. » Charité pratique et socialisme.

(1868 et 1869.)

« Je suis née solidaire ! » s'écriait Mme de Pressensé, et c'est un des mots les plus caractéristiques qu'elle ait prononcés sur elle-même ; com-
plétons-le par cette déclaration palpitante et
tendre : « Mon cœur est avec eux ! » avec eux,
les déshérités de la vie ; — couronnons-le enfin
par cette autre parole d'une beauté mystérieuse :
« Je voudrais être anathème pour eux ! » (« S'il
est un mot qui ait un écho profond dans mon
cœur, c'est celui-là ») — et nous aurons, en trois
traits, la vocation de Mme de Pressensé. Il n'est
que temps de considérer cette vocation d'a-
mour qui est au centre de notre sujet comme
elle fut la moelle de sa vie. Mais, pour qui sait

lire, l'intime pensée transparaît déjà sous la trame des deux chapitres précédents. C'est *pour eux* qu'irrésistiblement et fidèlement elle a désiré acquérir, puis recevoir : « Cela nous explique peut-être pourquoi j'ai peu besoin de croire pour moi-même, pourquoi je me repens à peine des péchés qui n'ont aucune action sur les autres (ils sont rares). » Et tout à l'heure, quand elle s'est portée d'un grand mouvement passionné au-devant d'André Léo inconnue, c'est à la cause humaine qu'elle se donnait pour ainsi dire symboliquement.

Sa vocation littéraire elle-même, bien que l'oiseau divin chantât aussi pour elle, n'est, à la considérer dans son essence, qu'une des manifestations de ce besoin impérieux : se communiquer, rayonner.

Nous naissons tous avec des dispositions particulières qui se rattachent à l'une ou l'autre des grandes tendances humaines. En s'écriant : « Je suis *née* solidaire ! » Mme de Pressensé énonçait donc une vérité. Tandis que quelques-uns sentent en eux les battements accélérés et violents de leur individualité (prenez Mme de Gasparin, par exemple), Mme de Pressensé se plaignit constamment de sa personnalité » faible » ou « flottante » ; toujours portée à l'anéantir, soit en Dieu, Océan d'Amour, soit dans la communion avec ses frères :

« Ce n'est que lorsque nous avons senti distinctement notre cœur battre de la grande vie universelle que nous pouvons prendre possession de nous-mêmes comme individus, » dira-t-elle avec Schleiermacher.

Voici un second témoignage plus spontané et plus sincère encore s'il est possible, puisqu'il est la voix étouffée de son Journal intime :

« M. S. dit que j'ai le *cœur peuple*. C'est vrai. Je ne puis dire ce que je sens de vie et d'être dans les foules, c'est comme si mon cœur était agrandi et que tout en moi était décuplé, mais en face des individus, quand il faudrait aimer en effet et en vérité, combien je suis pauvre ! »

Elle aimait à rappeler, soit par lettres, soit dans la conversation jusqu'à la fin de sa vie, un mot de Wilberforce, cité par Robertson, sous lequel elle s'abritait en quelque sorte : Comme on demandait au vainqueur de l'esclavage s'il avait pu veiller au salut de son âme à travers tant de combats soutenus pour l'humanité, il répondit simplement : « Je n'y ai jamais songé, » parole sublime !

« *Je n'y ai jamais songé !* — répète Mme de Pressensé tressaillant. N'est-ce pas, cet oubli dans un absolu dévouement, c'était le salut lui-même, mais que nous devrions être forts et grands pour avoir le droit de nous oublier ainsi ! »

Près du soir de sa vie, voyant tant de sympathies et d'amitiés précieuses emportées loin d'elle par la mort ou par l'absence, elle trouvera dans sa conscience cette parole presque austère : « Je vois de plus en plus qu'il ne faut pas cher-

cher trop de joie dans l'échange des affections ,
c'est encore de l'égoïsme. Il faut se sentir vivre,
non plus dans un ou deux êtres de choix qui
pensent et qui sentent comme nous, *mais dans
le grand cœur de l'humanité ; alors on n'est jamais
seul.* »

Tel était chez elle le fond naturel qui devait
s'enrichir de plus en plus par le contact quotidien avec la souffrance, dans le Paris de *Marie
Hersant*, et par le stimulant de l'amour de Dieu.

Mais c'est peu dire encore. Un grand nombre
de nobles êtres ont vécu pour les autres et dans
les autres, déplaçant ainsi le centre de la vie
naturelle, et aucun n'a senti comme Mme de Pressensé. Non seulement elle est rare, mais elle est
unique. C'est une révélation qu'elle nous apporte ;
écoutons-la !

Le pauvre est beaucoup plus pour elle qu'un
frère malheureux ; il est celui envers qui nous,
les heureux, avons contracté une dette insolvable ;
que dis-je ? solvable par l'amour seulement. Vous
rappelez-vous un dialogue entre *Marie Hersant*
et la petite *Thérèse* de quinze ans ? *Thérèse* s'est
écriée, et son juvénile élan nous représentait
déjà un idéal :

« — Tenez, le comprenez-vous ? quand je fais
une aumône, mon cœur se serre et une voix intérieure me dit : « Pourquoi à moi cette joie de
donner ; à eux cette humiliation de recevoir ? » — »

Mais *Marie Hersant* lui répond :

« *C'est que vous n'aimez pas encore assez.*

Vous comprendrez un jour que l'échange est bien plus réel que vous ne le pensez, et que le pauvre, si nous cherchons à le soulager et à le consoler, fait plus pour nous que nous ne pouvons faire pour lui... »

Tandis que dans la société divisée en deux camps : ceux qui souffrent et ceux qui aident à souffrir, les seconds délèguent aux premiers leurs secours et tout au plus leur compassion, Mme de Pressensé ajoute au don de soi une aspiration :

« Pourquoi ne suis-je pas avec ceux qui souffrent ? avec ceux qui ont la vie dure ? » (*Geneviève*) — et un scrupule, poignant comme l'aiguillon, dans son âme :

« J'ai toujours plus de peine à supporter le privilège... »

« Le plus grand de tous, celui de recevoir dans son âme plus de rayons du soleil divin, me semblerait insupportable dans l'impuissance de les communiquer, sans la confiance que Dieu est pour tous, et non pour *un haïssable petit troupeau d'élus...* »

« J'en suis venue à me détester pour mes privilèges, ma vie facile, heureuse, mes biens et mes jouissances de tout genre, ces richesses de l'art et de l'intelligence qui sont à ma portée — *tout cela m'écrase.* »

Parlant du bonheur de sa fille elle dira : « J'en ai honte, car c'est un privilège... », après un premier élan de joie naturelle.

Personne n'avait jamais parlé ainsi. Les cons-

ciences éveillées par elle ont acquis des délicatesses nouvelles qui, cependant, n'égalent pas
les siennes. Ce sera pour l'avenir dont son sentiment a été le prophète...

Elle a doué l'être aimant d'un sens nouveau.
C'est la *sympathie*, au sens primitif et plein de
ce mot profané. S'étonne-t-on qu'elle ait adoré
dans la personne du Christ Celui qui a élevé
cette sympathie jusqu'aux hauteurs de la rédemption ?

Mais, originalité nouvelle, étant « née solidaire » comme elle l'affirme à bon droit, c'est la
souffrance collective, universelle, et même
humaine à travers les âges, qu'elle devait ressentir surtout intensément. Celle-ci, formée en
lourdes masses, plana tout d'abord au-dessus de
sa jeune vie, puis retomba pesamment sur son
cœur y étouffant la joie de vivre et beaucoup
des jouissances légitimes. Dans son Journal
encore, registre des impressions très fines, elle
parle d'un concert dont elle n'a pu apprécier la
beauté à raison du « poids inexprimable » qu'elle
avait sur le cœur. L'heure viendra (1870) où,
dans la voix du vent sanglotant au-dehors, elle
croira surprendre la plainte humaine infinie :

> « Prisonnier que ton frère oublie,
> « C'est ta voix... »
>
> *(Les Captifs. Nouvelles poésies)*

En outre de cette pression permanente, elle
eut parfois, pour une minute, la sensation aiguë,

intolérable de toute la somme de souffrance ramassée de la surface de la terre. Aussitôt elle en détournait son regard comme des abîmes. Mais elle avait senti... Elle avait obtenu sans effort ce à quoi d'autres aspirent comme à une révélation : je veux dire la perception de la souffrance humaine multipliée par le nombre de ceux qui souffrent.

« J'ai senti que c'était plus que je ne puis supporter », dit simplement *Marie Hersant*.

Inclinons-nous devant ce mystère...

Elle-même n'y voyait aucune supériorité ; au contraire, surprise par l'intensité d'une disposition si peu commune, elle put se demander si de souffrir davantage personnellement ne détournerait pas sa pensée de la « grande douleur universelle » ? Non. Il aurait fallu changer la forme de son cœur.

Il lui semblait aussi qu'elle enlevait à l'individu, lorsque cet individu était son ami, quelque chose de ce qu'elle accordait si largement à la collectivité :

« Croyez, écrit-elle, que je suis encore capable de m'associer aux douleurs de mes amis, *lors même que la grande douleur universelle absorbe par moment toute ma faculté de sympathie.* »

Nous savons que penser de cette réserve, nous, dont elle a consolé les deuils, les peines, le plus souvent sans proférer une parole de consolation. Elle abordait ainsi une mère au cœur déchiré :

« Je ne savais pas jusqu'à ce jour combien je vous aimais ! »

Cependant, vis-à-vis d'elle-même, elle se désolait et se désolera jusqu'à la fin de ne pas ressentir assez les souffrances de tous. Ainsi l'âme sainte demande ce qu'elle a reçu et lutte pour obtenir ce qu'elle possède le mieux :

« *Je ne crois pas que la faculté de souffrir me manque, mais j'ai toujours peur cependant de ne pas souffrir assez de la grande douleur du monde.* Parfois je suis si lasse de la comprendre et de la sentir que je tâche de l'oublier, mais le poids retombe bien vite sur mon cœur trop faible pour le porter. »

« Je voudrais aimer moins ou aimer mille fois davantage. A chaque instant je me charge d'un fardeau que je ne puis pas porter. »

Telle que la nature l'avait faite, Mme de Pressensé était placée dans cette alternative : ou bien réagir, repousser le fantôme de douleurs, et étreindre d'un grand effort d'énergie le bonheur personnel qui était son lot (« Quand donc comprendrons-nous le rôle de la volonté dans la vie ? ») — ou bien, comme elle l'a fait, consacrer sa faculté de souffrir. Son être tout entier dut frémir de joie sainte quand elle entrevit la possibilité de ce ministère : « J'aime et je veux souffrir ! » Ce furent ses Poésies, et ce fut sa vie.

Elle écrit à un ami :

« Quel pasteur modèle vous donnez à notre

pauvre paroisse des Batignolles ! » — C'est d'elle-
même qu'il s'agit — « Un pasteur qui n'est pas
bien sûr de l'immortalité de son âme et qui ne
s'en afflige pas, qui croit en Dieu mais qui ne
sait comment communiquer cette foi, qui ne peut
découvrir le lien entre le sacrifice de Jésus-Christ
et le pardon des péchés, qui ne croit au salut
que parce qu'il croit à la sainteté... En voilà un
qu'on ne consacrerait dans aucune église. Et
cependant... *J'aime et je veux souffrir*. Peut-
être si ce n'est pas une illusion y a-t-il là quelque
chose d'un ministère, au moins le rêve de ce
qu'il doit être... »

« Ma devise : « J'aime et je veux souffrir »
est encore à la fois trop et pas assez l'inspiration
de ma vie... Je veux simplement dire qu'à côté
de cette souffrance voulue, il devrait y avoir une
joie sainte. Cette joie, je la connais à peine. »

Sa grande pitié s'éveille en même temps que
les inquiétudes de sa pensée ; et il y a là plus
qu'une simple coïncidence : une relation de cause
à effets. Longtemps, la préoccupation maîtresse
de sa vie avait été latente ; c'était au dedans
d'elle comme un monde voilé, mais complet déjà
et saisissable pour qui la connaissait bien, pour
qui savait appuyer l'oreille contre son cœur. Son
Journal de voyage, écrit pour elle seule, est à
cet égard des plus significatifs. Tandis que les
voyages nous développent en général dans le
sens de nos défauts, de notre légèreté et de notre
égoïsme, on dirait que le dépaysement exalte

chez cette jeune voyageuse de 27 ans le sentiment grave des responsabilités humaines et le
sens tragique de la vie. Voici de quel œil elle
considère le *Gladiateur mourant*, au Vatican :

« C'est tout un drame que cette statue, et non
seulement le drame de la mort d'un homme,
mais celui des douleurs d'une partie de l'humanité. Le *Væ Victis* triomphant des anciens n'est-
il pas encore le mot de notre société moderne,
sous ces voiles de charité dont elle cherche à se
parer à défaut de justice ?... Quelle douleur,
quel isolement profond... Je l'ai regardé si
longtemps que les larmes m'en sont jaillies des
yeux. »

Après avoir décrit le souper de Pâques, si
pittoresque, où les grandes dames romaines, par
une interversion d'une heure, se transforment
en servantes des pauvres, Mme de Pressensé
ajoute, comme si elle avait cru contempler son
rêve réalisé :

« C'était vraiment un joli spectacle que celui
de toutes ces vieilles femmes déguenillées con-
duites à leur place avec toute sorte d'égards par
ces jolies et fraîches jeunes femmes. Pourquoi
n'est-ce qu'une forme qui sans doute dispense
de la charité et de l'humilité pour le reste de
l'année? »

Mais voici de beaucoup la parole la plus grave,
la plus impressive en sa sévérité, surtout si l'on
se rappelle l'âge et les circonstances heureuses de
celle qui écrit :

« Les mendiants sont aussi nombreux dans les rues de Rome que les chèvres. On en rencontre à chaque pas, et c'est impossible de leur donner à tous. D'ailleurs on me dit que c'est une profession, et que je ne dois pas dépenser en leur faveur la plus petite parcelle de ma pitié. Mais on a beau dire, si l'on ne veut pas plaindre une misère physique que le travail et l'énergie pourraient améliorer, que dire de cette horrible misère morale ? Oh ! que ce pauvre monde est laid, pris par un certain côté ! Qu'il est beau de l'autre et surtout sous les rayons du soleil d'Italie. Il est bon que la vue de la misère, de la souffrance et de la dégradation vienne de temps en temps étreindre douloureusement le cœur qui se laisserait volontiers dilater par des jouissances égoïstes, *quand elles nous font oublier que nous devons achever les souffrances de celui qui a souffert pour l'humanité depuis le commencement du monde.* »

Ce glas retentit partout pour elle sous le ciel d'Italie.

C'est à la fréquence et au caractère inconscient de ces retours douloureux que se mesure précisément la profondeur de sa vocation. — Il me semble me conformer au sentiment de Mme de Pressensé en écrivant « vocation » tout court lorsque je veux parler de sa charité. —

Telle elle était en 1854, voyageuse, telle elle sera à plus forte raison en 1868, installée dans sa vie de Paris ; ne laissant pas s'élever de son cœur une aspiration vers le printemps, sans revenir aussitôt à la réalité des privations du pauvre. C'est tout au plus si elle s'abandonne à la jouissance par le souvenir :

« La campagne doit être ravissante maintenant, écrit-elle. Des fleurs, des touffes de primevères et des violettes sous les haies, des senteurs pénétrantes, la vie éclatant par tous les pores ! Vos petites filles sont heureuses sans doute de retrouver leurs amies de la belle saison. Ici des toits, des murs, un petit coin de ciel bleu entre les toits. Que de gens qui n'auront jamais vu autre chose ! Que de pauvres enfants qui ne savent pas ce que c'est qu'un chemin vert et un buisson ! *J'ai toujours plus de peine à supporter le privilège...* »

N'est-il pas facile de lire dans ces dernières lignes comme une promesse de la délicieuse création : les Colonies de Vacances ?

****

Le pauvre s'est maintenant, et pour toujours, emparé de sa vie comme de sa maison dont il assiège la porte chaque matin. Elle écrit en 1869, d'une plume de plomb :

« Depuis ce matin (il n'est pas dix heures et je ne devrais avoir fait que donner des leçons), j'ai déjà vu et entendu les représentants de *huit* affreuses misères. Quel cœur ou bien froid ou bien divinement compatissant faudrait-il avoir pour porter ce fardeau? Le courage me manque... »

1868 est le point de départ de son activité sociale. Peu après, elle échappe complètement à l'influence de la philosophie qu'elle a reconnue impuissante en face des détresses humaines. (« Puis on essaie des réalisations, et on se brise... ») Seul, l'amour de Dieu lui reste. Mais comme il remplit son cœur! Elle va visiter le pauvre chez lui, toute pénétrée de ce que nous appellerions des *illusions*, si trente-cinq années d'expériences quotidiennes n'avaient pas fait justice de ce mot dédaigneux, en lui donnant à elle-même le droit d'affirmer ce qu'elle a vu.

« Vous paraissez croire, écrit-elle en 1885, non sans une nuance d'amertume, que je ne connais pas assez les pauvres pour les juger ; cependant voilà de longues années que je suis en rapport avec eux, et je ne crois pas me faire beaucoup d'illusions. »

Remarquons en passant la réserve des termes : « voilà *de longues années* que je suis *en rapport* avec eux... » Son ministère d'amour et de souffrance comptait alors vingt années, en effet !

Donc elle les admire dans l'ensemble ; elle voit avec joie leurs sacrifices, leur esprit d'endurance pour eux-mêmes et de dévouement souvent illimité à de plus malheureux qu'eux : C'est le cordonnier *Perrelet* et sa brave femme recueillant avec simplicité *Petite Mère* flanquée de son *Charlot*. C'est *Madeleine*, joyeuse, partageant avec

Lydie son maigre déjeuner. Ces choses-là la font sourire comme sourient les anges. Elle est heureuse que sa tendre partialité pour le pauvre soit dans une large mesure confirmée par son observation. C'est d'elle qu'on peut dire qu'elle a « les pauvres qu'elle mérite », tout en faisant la part de la déception inévitable. Voulons-nous savoir exactement sur quel ton et dans quel esprit elle les aborde chez eux ? Alors évoquons *Gertrude de Chanzane* au moment où elle remonte l'escalier des *Marcel* descendu une demi-heure auparavant aux côtés de sa tante, pour tenter d'apaiser l'âme farouche qu'une maladroite charité vient encore d'exaspérer. Évoquons après elle *Geneviève* sous sa chevelure d'or, alors que laissant sa mère en arrière, elle aussi, elle bondit de nouveau jusqu'à la mansarde de *Céline*, apportant à celle-ci la branche de lilas blanc et le baiser, gages d'une charité meilleure qui ne froissera jamais... La jeune fille hardie et tendre repassant dans les intérieurs où ses aînés ont passé, pour y effacer les empreintes d'une bienfaisance mal entendue — n'est-ce pas Mme de Pressensé elle-même vis-à-vis de son temps, qu'elle devança et même de plusieurs générations ?

Paris, où elle travaille, lui devient plus cher ; ce Paris « qui concentre toutes les souffrances comme un foyer », disait *Marie Hersant*. Elle sent elle aussi « qu'une irrésistible puissance d'attraction » l'y ramènerait, même si elle n'y avait pas de famille. C'est l'océan humain aux pathétiques naufrages. Et voici que peu à peu, en parcourant l'immense cité, du faubourg Saint-Antoine aux Batignolles, Mme de Pressensé, grande forme noble à la démarche rapide, en vient à identifier ces rues presque infinies, ces ciels sanglants — seule gloire du Paris misérable — avec le drame de souffrance qui s'y déroule à perpétuité. Tout cela, *c'est Paris*, charme douloureux qui dilate le cœur et le serre intimement tout à la fois. Elle s'écrie : « Ah ! Paris, ce délirant Paris, où l'on n'a même pas le temps de pleurer... » Vous avez entendu dans sa voix vibrer la préférence tendre et le reproche. Son sentiment s'exprime plus complètement dans ces lignes :

« Ici, ce que nous avons de plus beau, c'est un coin de ciel rouge vers l'occident. Et pourtant je fais rarement une course dans cette ville affairée, au travers de ces rues qui laissent voir si peu du ciel, sans me sentir saisie d'une poésie âpre et poignante... On peut dire sans doute que celle de la nature et de la beauté est préférable, mais on ne peut pas nier la nôtre et son étrange puissance sur les âmes. »

Chemin faisant, pour répondre aux besoins particuliers qu'elle rencontre, elle crée quoique timidement encore : Ce sont deux ouvroirs pour les femmes fournissant à quelques-unes du travail le jour, de l'instruction le soir. L'ouvrier aussi l'intéresse passionnément ; bientôt elle ira le trouver chez lui, en amie ; et déjà elle cherche

de toutes ses forces à établir un terrain public
de rencontre, préludant ainsi, quoique dans un
esprit bien différent, à l'œuvre des Universités
populaires. Dès 1866, elle avait, avec la collaboration de son cousin Roger Hollard et de quelques autres, annexé un cabinet de lecture pour
ouvriers aux cours déjà fondés dans le Faubourg Saint-Antoine. Cette œuvre « selon son
cœur » devait, telle qu'elle l'avait conçue, offrir
à l'ouvrier des journaux politiques de toutes
couleurs et non seulement des publications religieuses souvent insipides; car elle l'avait placée
sous les auspices de cette parole qui parut dangereuse à son entourage : « La seule école de la
liberté, c'est la liberté. »

D'ailleurs elle le constate : le peuple veut organiser ses œuvres lui-même, et elle reconnaît
volontiers que c'est son droit.

Le bien qu'elle fait au pauvre, elle l'accomplit
avec bonheur, parfois avec enthousiasme, jamais
avec joie, par où j'entends cette béatitude intérieure appelée communément la bonne conscience. Elle ne connut pas davantage la « douce
émotion » du bien réalisé que devait goûter à sa
place, par une véritable anomalie, le communard
Malon. Celui-ci ajoutait, il est vrai : « Je n'en
constate pas moins que votre façon de voir est
plus réellement fraternelle que la mienne, car
qu'est-ce que cette joie intérieure, si ce n'est un
orgueilleux contentement de soi ? »

Son cœur était avec eux. Quel est le socialiste

de profession qui pourrait faire valoir cette tendre raison? Mme de Pressensé eût assisté avec étonnement à certains comités de bienfaisance dans lesquels on se félicite des résultats obtenus, en exprimant tout haut ce vœu complaisant: que le dévouement dépensé rende les vacances plus légères...

Des vacances légères! Il aurait fallu pour cela ne pas garder au cœur l'aiguillon de la souffrance du pauvre; avoir un idéal moins illimité du bien à accomplir et une perception moins poignante du bien qu'on ne fait pas. Ah! *ce bien qu'on ne fait pas* — ce fut pour elle, elle l'a déclaré, « un rongement ».

Un jour elle raconte, la gorge serrée, l'histoire pathétique et simple d'un pauvre professeur d'allemand auquel elle a procuré des leçons, qu'elle a vu chez elle à toute heure, mais qui n'a jamais reçu de sa part (est-ce croyable?) « une parole de vraie sympathie ». Et il est mort dans l'isolement non-interrompu de sa pauvreté.

Elle conclut : « Toute ma vie est faite de ces choses-là. Le voile se déchire un moment, puis retombe. »

« Toutes ces âmes humaines avec leur secret de douleur, » écrira-t-elle ailleurs, « et leurs facultés inconnues d'elles-mêmes, pourquoi ne cherchons-nous pas à les connaître pour les aider à devenir ce qu'elles sont? Je sais que, par timidité ou par paresse, je suis une des personnes qui passent dans la foule sans rien toucher. »

Les rares fleurs qu'elle recueille sur cette route solennelle, ce sont des enfants qui les lui apportent, comme toujours dans sa vie. Un jour, à l'école du dimanche, un tout petit la tire par sa robe, lui donne un gros baiser et prononce : « Maman est contente de vous ! » (« C'était une famille très malheureuse mais où nous n'avons donné que du travail. ») Voilà enfin de la joie pure ; mais elle ne s'y attarde pas et le déclare à cette occasion encore :

« Où est le temps où l'exercice de la charité était une joie et une source d'intime et puérile satisfaction ? »

A côté du bien qu'on n'a pas fait, il y a le mal qu'on a causé. L'Aumône, pour résumer en un mot toutes les inquiétudes et tous les remords, hante sa conscience ; spectre toujours grimaçant, hydre aux cent têtes. « Ce terrible problème, » comme elle l'appelle, est de ceux « que nous n'avons pas le droit de laisser tomber comme tant d'autres dans l'Océan de l'Amour de Dieu » ; il y faut une solution humaine et actuelle ; d'autre part il se dérobe à toute tentative de solution. Que faire ? Le pauvre tend la main. Faudra-t-il lui dire d'attendre, pour manger, que d'autres rapports se soient établis entre les deux fractions ennemies de la société — entre les « deux nations », disait *Hubert* (1) — ? Non, Mme de Pressensé met quelque chose dans la main tendue,

(1) *Gertrude de Chanzane.*

qu'elle voudrait saisir, puis se retrouve vis-à-vis
d'elle-même avec la conscience d'avoir attenté
à la personne humaine en la personne de ce
pauvre. Angoissée, presque affolée, elle s'en ouvre
un jour à une amie vénérée, Mme Bonnet :

« Je voudrais vous confier ma détresse. L'une
des plus grandes est depuis quelque temps la
question de l'aumône. Je me sens *troublée et
humiliée* chaque fois que je l'ai faite, comme si
j'avais contribué à l'abaissement de mes semblables. Dans votre vie de femme de pasteur qui
doit ressembler un peu à la mienne, avez-vous
éprouvé ce douloureux malaise? Chaque jour
après ces matinées où la sonnette ne cesse de
retentir, où, pour quelques personnes qui m'ins-
pireront une entière confiance, j'en vois tant que
je ne connais pas, qui me trompent peut-être ;
où souvent je donne à contre-cœur et sans élan,
j'arrive à l'heure de midi l'âme navrée et le cœur
lourd comme du plomb. Ma conscience elle-
même se met contre moi en me reprochant de
faire beaucoup de mal en voulant faire un peu
de bien... »

Elle adresse la même confidence, sinon dans
les mêmes termes, à son vieil ami M. Ch. Secrétan, engagé lui-même dans la préoccupation
sociale :

« Le problème qui me poursuit sans cesse...
est si vital, si actuel; comment le mettre de côté
et comment l'examiner d'une manière désintéressée ? Nous qui usons encore de *ce vieux et*

barbare moyen de payer notre dette à l'huma-
nité, ne sommes-nous pas les pires ennemis de
ceux que nous voulons secourir ? Ne contri-
buons-nous pas à leur ôter leur dignité d'hommes? Chaque fois que je mets de l'argent dans
une main qui n'est pas celle d'un infirme ou
d'un vieillard, j'ai un sentiment inexprimable de
dégoût pour moi-même, d'humiliation et de douleur... Mais je ne vois pas comment cela peut
changer, tant que nous aurons le superflu, tandis
que tant d'autres n'ont pas le nécessaire ; tant que
nous ne souffrirons pas comme eux ; que nous
ne travaillerons pas comme eux ; tant que nous
serons deux races distinctes et étrangères l'une
à l'autre. Ai-je tort de penser que la glorifica-
tion de l'aumône va avec une notion égoïste du
salut ? »

Elle s'adresse ainsi à tous ceux avec lesquels
elle a quelque échange de pensées ou de sentiments. Jules Simon, qu'elle entend dans un salon
(il ne peut plus parler ailleurs) sur le sujet de
l'aumône, la « bouleverse » par la manière toute
nouvelle dont il pose le « terrible problème ».
Elle écrit à Malon, ne pouvant s'entourer d'assez de lumières diverses. Que lui répondit le futur
chef d'insurrection ?

« Vous demandez ce que je pense de l'aumône.
Je condamne de toutes mes forces l'aumône de
ceux qui la croient suffisante à parer aux inégalités sociales ; mais je m'incline avec respect
devant celui qui, ému des douleurs de ses frè-

res, leur vient en aide dans la mesure de ses forces, tout en déplorant l'état social qui rend cette entremise nécessaire... Vous voyez que sur ce point nous sommes parfaitement d'accord. Seulement ce que je ne trouve pas justifié, c'est cette honte et cette douleur que vous éprouvez en remplissant le plus impérieux des devoirs... »

On le voit, une fois de plus les scrupules de notre amie dépassent les exigences des plus hardis ! Un révolutionnaire est timide devant les révoltes de son cœur. Voici en quels termes nets et passionnés elle s'exprime au sortir d'une réunion populaire qui l'a tout ébranlée :

« Avec nos idées de charité, avec nos aumônes, avec nos condescendances, nous allons contre un courant irrésistible. Nous voulons donner, et ils ne veulent plus recevoir ; nous voulons être charitables, et ils ne veulent que la justice. Nous contribuons pour notre part à abaisser ce peuple qui se relève ! »

Mais nous ne sommes plus sur le terrain de la charité proprement dite ! Sans nous en douter, nous en avons dépassé les frontières par la transition de l'aumône ; c'est du socialisme. A défaut d'autres signes, l'accent passionné et presque impérieux avec lequel Mme de Pressensé a prononcé ce mot : *justice*, nous avertirait de ce passage. L'admirerons-nous moins parce qu'elle a embrassé comme sienne la cause du pauvre à la face de la société ? parce que, sans système mais de tout son cœur et de toute son âme, elle a voulu être socialiste dans l'esprit de Jésus-Christ ? Je ne le crois pas. Mais je ne crois pas davantage que nous devions avoir peur des mots et user de quelque expression détournée pour rendre ce qui est. Oui, elle fut socialiste, la femme admirable qui respirait parmi les ouvriers plus largement que dans les salons ; qui, toujours, se passa de feu dans sa chambre ; et qui jusqu'à l'âge de 74 ans voulut accomplir en troisième classe le trajet de Paris à Lausanne pour voyager avec le pauvre ou comme lui. Plût à Dieu qu'elle eût fait beaucoup de disciples avec ce socialisme-là ! celui du cœur.

Mme de Pressensé n'avait rien à perdre en adhérant à la doctrine des amis du peuple. Mais c'est parler un langage peu digne d'elle ; disons plutôt que tous les sacrifices imposés par le socialisme à ceux qui possèdent, elle les avait déjà accomplis moralement, non comme sacrifices mais au contraire comme actes libérateurs. Le privilège sous toutes ses formes ? — elle ne demandait qu'à le déposer. La joie de donner de son superflu ? — elle ne l'avait pas même connue en donnant de son nécessaire. La sécurité de la vie pour elle et pour les siens ? — aucun bouleversement ne peut lui sembler plus effrayant que ce qui est. Et elle n'hésiterait pas, la femme de paix, à hâter de ses vœux la révolution sociale inévitable, si elle ne craignait que « des actes de vengeance et de triomphe sauvages » ne viennent à souiller la cause de ceux qu'elle aime — disons avec elle : « de ceux auxquels appartient chaque battement de mon cœur. » Sa bonne réputation ? — elle s'était dès longtemps affranchie de tous les préjugés de sa classe, comme elle avait échappé quelques années auparavant au joug de l'orthodoxie ; les actes d'indépendance sont solidaires.

La question sociale prime tout pour elle. Arrière la philosophie et le christianisme lui-même, tel qu'il se réalise ! Qu'on ne lui parle plus de légitimer la souffrance humaine devant la conscience. C'est de salut et « d'un salut actuel » qu'elle a besoin. Sa formule, la voici : « *Ce qui doit être peut être.* » Sans doute ce n'est là, et on le lui reproche, qu'une solution par le sentiment, mais le sentiment a toujours été « le prophète de l'idée » ; belle et profonde parole qu'il appartenait à une femme de prononcer. Jusque-là — jusqu'à la réparation des grandes iniquités sociales — « l'air lui est empoisonné » et « chacune des joies de sa vie se retourne contre elle ».

C'est un paroxysme. On devine au ton presque dur de quelques fragments de lettres, à un je ne sais quoi d'altier et à une nuance d'ironie amère, qu'elle n'a été comprise ni dans ses enthousiasmes ni dans ses indignations. Retenue peut-être et en souffrant, elle a les allures impatientes du cheval de race que son harnais blesse et qui exagère sa souffrance par ses mouvements. Surtout elle résume en soi l'exaspération accumulée de tout un peuple, n'ayant jamais eu plus de raisons de s'écrier : « Je suis née solidaire ! »

« Quand j'aurai légitimé la souffrance devant ma conscience et ma raison, en sera-t-elle moins là, poignante, inégale, purifiant les uns, corrompant les autres ? Que m'importe que le problème soit résolu hors du temps et de l'espace. C'est d'un salut actuel que j'ai besoin. Et ce christianisme qui a si peur d'action, qui ne sauve pas même ceux qui le professent de leur égoïsme, qui pour presque tous est bien réellement un égoïsme plus révoltant que tous les autres, me l'offre-t-il, ce salut ? Irai-je avec un système philosophique auprès de ceux qui portent le faix de notre horrible désordre, ou leur dirai-je comme Mme B. me le conseille : « Vous êtes les heureux, les privilégiés. D'autres ont la terre, vous avez le ciel. » Non, voyez-vous, tout cela, j'en suis lasse et dégoûtée. Ce qu'il me faut, c'est qu'on me montre quels doivent être les rapports des hommes entre eux, quel est le vrai terrain commun entre les différentes classes, comment je puis aimer assez pour ne pas humilier... Je n'ai pas l'étroitesse de vouloir bannir le mot de compassion au profit de celui de justice, car *dans ce monde de désordre la justice ne peut exister sans compassion*, mais je ne puis me contenter ni de solutions métaphysiques, ni

de solutions religieuses, il me faut du plus pal-
pable. »

Vous l'avez entendu, ce beau mot jailli de son
cœur : « la justice ne peut exister sans compassion ». C'est la vraie Mme de Pressensé, qu'une
nuée ardente nous avait dérobée un instant.
Non, pas de justice sans compassion ; pas non
plus de socialisme sans Dieu :

« Quand les conditions normales du travail
seraient découvertes, quand les rapports seraient
établis sur une base d'équité, il resterait encore
à amener chaque âme individuelle à une union
voulue avec Dieu ; mais Dieu ne serait-il pas
moins absent, moins invisible, moins lointain ?
Le socialisme n'exclut pas nécessairement toute
foi religieuse, n'est-ce pas ? »

Elle est inquiète... Il lui faut tous les amours,
sans la grande haine séculaire du socialisme.

Mais voici qu'enfin l'action, l'action en commun avec toute une multitude humaine, vient
dilater son âme et lui donner des joies plus
pleines que jusqu'ici la charité : Deux fois la
semaine, dans une salle de bal, quinze cents
ouvriers et bourgeois des deux sexes, parmi
lesquels Mme et M. de Pressensé, se rencontraient
pour discuter librement, usant de leur droit de
réunion nouvellement acquis. Travail, droit des
femmes, enseignement libre, il y était question
de tout ; une grande impression de solidarité
planait au-dessus de ces groupements fortuits ;
parmi les orateurs, pas trace de la condescen-

dance bourgeoise si antipathique à Mme de Pressensé. Nul ne méritait le blâme un peu mordant adressé par elle à certain professeur de Sorbonne, conférencier bénévole au faubourg Saint-Antoine :

« Il n'a pas l'esprit moderne et s'attendrit plus volontiers sur un des privilégiés qui sacrifie, pour une soirée, son coin de feu et sa robe de chambre, que sur des milliers d'êtres créés du même souffle qui n'ont rien de ce qui fait la beauté de la vie. »

Savigny (1) monte à l'estrade. Le voilà bien avec le feu sombre de ses yeux ardents qui faisaient se détourner les yeux de Céline. Mme de Pressensé, elle, soutient ce regard qui l'électrise. Mais écoutons-la décrire ce milieu nouveau d'un seul trait, d'une coulée, avec son éloquence des grandes heures et toujours l'air de fierté, puisque c'est du peuple qu'il s'agit :

« Les femmes parlent aussi ou plutôt lisent, ce qui leur donne l'occasion de faire beaucoup trop de rhétorique. *J'aime mieux les ouvriers.* Il y en a un surtout, un jeune homme nommé Fribourg, dont l'apparition à la tribune me remue toujours profondément. Il a la parole nette, incisive, et quelle passion dans cette figure ardente ! Nous entendrons sans doute parler de lui plus tard, quand le moment sera venu, que j'espère tout en le redoutant, et auquel nous

____

(1) *Geneviève*.

sommes si mal préparés. Il y a dans cette foule un grand sentiment du droit, de la liberté, de la justice, une haine de la religion qui éclate en toute occasion. Le président s'efforce sans cesse de ramener cette haine à un dédain de meilleur goût, mais sans y réussir. Peut-on leur en vouloir de détester ce qu'on a rendu si haïssable?... J'en sors toujours profondément émue et troublée, sentant que nous leur sommes étrangers, bien que nos cœurs brûlent pour eux et que nous sentions aussi lourdement peser sur nous le fardeau des inégalités, et me disant qu'avec nos idées de charité, avec nos aumônes, avec nos condescendances, nous allons contre un courant irrésistible. Nous voulons donner, et ils ne veulent plus recevoir...

Voilà mes plus grandes préoccupations du moment. »

Mme de Pressensé connut ainsi, encore portée par la sympathie cordiale de son mari, des heures de plénitude, pareilles en intensité, quoique dans une sphère bien différente, à celles que Charles Secrétan lui avait fait connaître par l'illumination de sa grande pensée : Même satisfaction donnée aux besoins les plus secrets de sa nature ; même enthousiasme grave. C'est dans ces heures-là que, déposant enfin son fardeau, elle respirait l'air qui fait vivre !

Bientôt elle voit de plus près son ami l'ouvrier. Chez André Léo, dont elle fréquente assidument le bizarre intérieur, dans le même temps,

elle rencontre plusieurs représentants du peuple
avec lesquels elle s'entretient d'égal à égal. Et
voici que notre amie, un peu sévère en général
à l'égard de ses contemporains, il faut le reconnaître, se donne à ces relations nouvelles et certainement piquantes avec le frais enthousiasme
des seize ans de *Geneviève!* Elle les auréole
tous :

« J'ai vu chez elle (André Léo) un membre
de l'association internationale, un vrai ouvrier,
un convaincu, un enthousiaste de la sainte
cause ; puis l'autre jour, un communiste, mais
quel communiste, sage et modéré ! Je lui en
aurais remontré en fait d'idées absolues »
(toujours !) « C'était aussi un vrai travailleur
travaillant, point de vos ouvriers vêtus de noir
comme aux réunions publiques, mais bien des
hommes qui touchent leur paie chaque sa-
medi. »

« Mes amis, écrit-elle des ouvriers de Puteaux,
se sont instruits eux-mêmes ; l'un d'eux, un
ardent mais doux révolutionnaire, ne savait pas
lire, il y a sept ans, et maintenant, tout en travaillant douze ou quatorze heures par jour, il
étudie toutes les questions, il écrit dans les
journaux, il instruit les autres, il fait une propagande incessante. Qu'est notre activité auprès
de celle de ces gens-là ? »

Mieux encore, elle va voir l'ouvrier chez lui,
de loin en loin. Ce sont joies furtives, fleurs
cueillies presqu'à la dérobée, car elle a deux

activités essentielles en dehors de celle-ci : elle est femme de pasteur et elle est mère. Mais après une de ces visites, elle se sent enrichie aux sources de l'être. Nous avons ici l'ouvrier intelligent et fin dont le métier confine à l'art, un *Jacques Marceau* qui a déjà trouvé sa *Geneviève* :

« Aujourd'hui, » confie-t-elle à son Journal, du ton doux qu'elle reprend pour se parler à elle-même, « j'ai fait une visite charmante qui m'a épanoui le cœur, chez un ouvrier, un dessinateur sur porcelaine. Nous avons été tout de suite sur le terrain de la franchise et de la liberté. Nous avons parlé de la question sociale, et j'ai trouvé là un républicain religieux et plein de saines idées. Il m'a parlé du magnifique mouvement coopératif qui a eu lieu en 1848 et que le 2 décembre est venu briser. Lui-même et trois amis avaient fondé une association : deux d'entre eux ont fait un séjour à Cayenne... Sa femme venait de lire *Faust* et en était tout émue. Cette visite m'a remis un peu de sang dans les veines. »

Elle l'avoue enfin, la tête haute :

« Je me sens très heureuse dans cette société, bien plus que dans celle où je vis ; on y plonge bien mieux dans les grands sujets, ceux qui font saigner le cœur. Ah ! ne soyez pas fâché contre moi ! » ajoute-t-elle enfin avec une grâce charmante.

Non, nous ne serons pas fâchés contre elle...

C'est dans ces années, qu'on peut bien appeler

grandes au point de vue moral (1868 et 1869), que Mme de Pressensé renouvelle sa tentative d'écrire un journal intime. Elle remplit de sa fine écriture une quinzaine de feuillets dont j'ai cité plusieurs fois. Le plus intéressant, n'est-ce pas le besoin de se confier qu'elle éprouve à ce moment complexe de sa vie où ses horizons s'étendent, où quelque chose de nouveau et de plus hardi tressaille en elle, mais où s'accuse aussi le douloureux écart entre l'idéal et la vie, et où son pauvre cœur tourmenté, tiraillé — parfois, mais rarement, dilaté — demeure profondément préoccupé de ses « devoirs prochains ». A qui parlerait-elle ? et il faut qu'elle parle, de sa voix tour à tour hésitante et frémissante. Cependant aussi, les *Poésies* se préparent...

CHAPITRE II

> « Mon cœur voudrait s'ouvrir pour
> embrasser le monde... »
>
> *(Poésies).*

> « Il y a autour de nous assez de
> douleurs et de misères pour nous
> maintenir en équilibre. C'est le
> lest... Voilà une vilaine et égoïste
> parole dont je suis honteuse. Je
> ne veux pas me servir de la souf-
> france de mes semblables comme
> d'un balancier pour marcher sur
> la corde raide qui mène au ciel.
> *J'aimerais mieux n'y pas aller...* »
>
> (Lettre à M. Ch. S.)

La vocation (Suite). — Nouveaux actes d'amour : les
Poésies, le *Journal de Thérèse*, *Gertrude de Chanzane*,
Geneviève; et fondations philanthropiques. — Désir
de mener une vie plus humaine. — Le Siége de Paris :
la plus belle année de sa vie.

(1869-1872)

Vers la fin de l'année 1869, une grande joie
humaine vient à elle dans sa solitude : L'attrait
passionné qui depuis si longtemps la pousse vers
le peuple — le peuple des laborieux et des malheureux — commence à s'exercer en sens inverse.
On l'a reconnue, et on salue avec enthousiasme
celle qui fait aimer la charité en parlant de jus-

tice ! D'eux à elle le rapprochement dont elle désespérait s'accomplit en une heure, et de part et d'autre on y met tant d'ardeur qu'on dirait plutôt une fusion. Qui a fait ce miracle ? Un petit livre, ses *Poésies*, où elle exprimait avec la simplicité de toute sa vie sa volonté d'aimer et de souffrir.

En les publiant, elle avait pu se demander si ceux qui les avaient inspirées pour une large part : les ouvriers, les pauvres, se soucieraient d'une œuvre appelée, semblait-il, à les dépasser. Autour d'elle, on lui avait prédit l'indifférence. Les prophètes eurent tort ; mais M. de Pressensé, qui avait fortement poussé à la publication, eut raison : dès décembre 1869, pendant toute l'Année terrible et après, on lit les « Poésies » dans les mansardes, dans les ateliers et dans les fabriques, à Paris et en province. Des mains rudes se tendent vers elle. Ce sont des lettres, témoignages émus et remarquablement dignes de la confiance qu'elle a su inspirer aux travailleurs et même à certains révoltés. Quelques-uns s'adressent en poésie à celle qui mérite d'être appelée dans un sens nouveau « le poète de l'amour » ; vers bouillants mais harmonieux que ne déparent pas, au contraire, quelques naïves erreurs d'orthographe ou de prosodie. Ceux-là ne lui parlent pas de son « noble cœur », ce qui lui fut toujours antipathique, mais ils le sous-entendent ; c'est mieux. A son tour, elle remercie ceux qui l'ont remerciée. Nous la verrons bientôt à Puteaux, parmi un groupe d'ouvriers collectivistes, ses lecteurs, prenant le thé de l'amitié cordialement offert. Belles heures, grandes heures pour elle ! Le contact s'est établi, et le courant passe. Elle n'a pas perdu sa vie !

Quand elle s'est écriée sur un ton de supplication :

« Ah ! croyez-le... ! »

ces amis inconnus l'ont crue.

« Je ne t'appartiens pas, multitude héroïque
Des travailleurs obscurs et des déshérités ;
Non, je suis des heureux...

Mais l'abîme entre nous, ce n'est qu'une apparence,
Le cœur qui sait aimer connaît une autre loi.
Ah ! croyez-le, je souffre... et par cette souffrance
Echo de vos douleurs, vos douleurs sont à moi ! »

(Août 1868).

Ils l'ont crue et bénie.

Entre tous les livres inspirés par l'amour, celui-là est le plus difficile à considérer objectivement. Les Poésies ! mais c'est de la matière vivante en fusion, c'est une vie humaine en train de se vivre ! L'œuvre à son origine avait correspondu au besoin vague encore « d'écrire une fois quelque chose de largement humain », de « faire quelque chose de grand avant de mourir ». Déjà elle avait choisi comme épigraphe ces mots de « *son* poète » (Musset) légèrement détournés de leur sens : « J'aime et je veux souffrir. » Que serait cette œuvre : prose ou poésie ? Elle ne savait. Mais la poésie est plus près du cœur... Singulière construction que celle où l'inscription du fronton est gravée avant qu'on ait dressé les pierres de taille ! Mais Mme de Pressensé n'élevait pas un monument à l'art, elle faisait acte d'âme vivante. Un ami qui l'a bien connue me disait un jour qu'on pourrait écrire sa biographie simplement d'après les données de ses *Poésies*. Le mot était charmant ; par surcroît il est juste. Essayons pour un instant de ce procédé, tournant tous les feuillets du petit volume usé de 1865 dans le désir de la mieux connaître. A portée de la main se trouve l'édition augmentée de 1875, qui complétera sur quelques points les renseignements de la première.

Voici d'abord les influences qui ont éveillé son âme de poète, l'une l'effleurant comme une brise, l'autre la remuant toute de son grand souffle passionné ; entre Longfellow et Musset, un enthousiasme inspiré par la nature : *le lac Némi*, auquel son âme s'est silencieusement fiancée et dont le bleu divin transparaît dans ses vers ; c'est la page, toujours ouverte, de son voyage en Italie (1854). Beaucoup plus loin, Beethoven. — Qu'entendit-elle de lui, ce certain soir de décembre 1865 :

« Je la sentais passer sur mon âme endormie,
Comme un souffle du ciel, Maître, ta grande voix ;

Et j'entendais en moi vibrer une harmonie,
Comme aux jours d'autrefois. . »

Etaient-ce les premières mesures divinement
sereines de la *Sonate au Clair de Lune*, ou mieux
un Adagio humain aux retentissements pathétiques ? Le fait est qu'en l'écoutant elle s'est crue
poète ; qu'est-elle donc ? Ce morceau nous rappelle la puissance suggestive des sons sur son
imagination créatrice, et comment, de son propre aveu, elle composait sous l'influence de la
musique avec une véritable opulence de pensées
et d'images.

Des hymnes s'élèvent, exprimant ses admirations humaines et laissant deviner déjà l'orientation de sa vie ; hommages rendus à ceux qui,
vaincus ou victorieux, ont lutté pour leur liberté
ou celle des autres, ces hommages étant aussi
des cris de fraternité jetés à travers l'espace :
« *A Mme Beecher-Stowe*, » sa sœur en la haine de
tous les esclavages ; *à Manin*, le semeur vaillant et résigné qui n'a pas vu blanchir les mois-
sons de l'indépendance italienne ; à *la Pologne*,
enfin, corps gisant à la frontière de l'immense
steppe russe, âme en détresse, assistant au lent
défilé des populations indifférentes qui se trans-
mettent ce mot d'ordre :

« Passons notre chemin. »

Mme de Pressensé n'a rien conçu de plus dramatique. Les strophes elles-mêmes, soulevées

et hennissantes, vont comme des chevaux de
guerre.

Elle a une manière singulièrement vibrante
d'interpeller à travers l'Océan ou les plaines ceux
que son cœur veut rencontrer.

« *Pour vivre il faut mourir* » résume dans
les premières strophes deux chapitres entiers de
sa vie morale : à savoir, ses doutes et la courte
ivresse de sa pensée affranchie par la philosophie
de la liberté :

« Et nous marchons longtemps sans voir que sur la
L'un après l'autre, hélas ! les flambeaux ont pâli. [route
Hier, la foi nous guidait, aujourd'hui c'est le doute.

. . . .

Comme l'oiseau royal s'élève à la lumière,
Dédaignant l'aube pâle et sa morne clarté,
Hier, c'était la pensée ardente, libre et fière,
Cherchant d'un vol hardi la sainte vérité,
Aujourd'hui, c'est l'esprit qui tremble et qui s'étonne. . »

Puis, la famille : — Elle est partout dans cette
œuvre. Sur les portes de la vie, que le poète
ouvre toutes grandes, paraissent de jeunes figures
viriles et franches avec l'expression de la bonne
volonté : ce sont ses fils. Elle dit à l'un :

« Être homme, le sais-tu, ce n'est pas peu de chose...
... Être homme, c'est d'abord se posséder soi-même... »

Elle rappelle à l'autre l'amour qui est :

                    « La liberté même,
Celle de s'oublier. »

C'est à eux que sans cesse elle s'adresse en traitant de sujets généraux ; c'est pour eux qu'elle fait parler la « Voix d'en Haut, » dans un dialogue superbe où le jeune homme jette ses mâles accents et l'homme fait l'aveu de ses premiers découragements ; puis la *Voix d'en Haut* reprend...

La jeune fille — la femme de demain — a plus tôt fait de comprendre la vie ; avec elle une allusion suffit. Cependant, je l'ai dit, chacun des cinq enfants du poète reçoit ici la dédicace de quelques strophes appropriées ; oui, même la dernière venue, dans l'édition augmentée de 1875 ; et même l'enfant mort. En outre du morceau délicat et pâle : « *A Henri, pour le onzième anniversaire de sa mort,* » la *Loi de la Vie* permet d'apprécier l'étendue et le grand caractère de son sacrifice maternel, rappelant aussi cette phrase de son Journal : « la joie sainte de donner à Dieu ce que nous avons de plus précieux : »

« S'il est dans ta couronne une fleur embaumée
Dont le suave éclat ravisse ton regard...
... S'il est à ton foyer une tête si chère
Qu'à la voir tu te sens les yeux mouillés de pleurs...
... Dieu l'a marqué d'un sceau — c'est l'offrande vivante.
... Le soleil de nos cœurs s'éteint avant le soir... »

Son mari, c'est le pèlerin au *Jardin des Oliviers,* que toute son âme accompagne et auquel elle demande instamment de se souvenir d'elle en touchant le sol des suprêmes agonies. C'est

à lui, bien probablement, qu'elle dit : « *Le sais-
tu ?* » d'un cœur étreint par la solitude du doute,
mais surtout ils sont, lui et elle, les voyageurs
enlacés dont le vol à travers la vallée et la plaine,
au matin, à midi, le soir, est décrit avec un
charme si doux dans « *Le Voyage* ».

> J'ai vu passer là-bas dans la vallée
>   Deux voyageurs.
> L'air était pur et sur la brise ailée
>   Flottait le doux parfum des fleurs.

> ... O premiers pas, prestige du voyage,
>   O doux matin !
> . . . .
> . . . .

> ...Ils étaient las, — Mais leurs mains s'enlacèrent
>   Plus fortement ;
> Quand leurs regards attristés se cherchèrent,
>   Ils parlaient d'un amour plus grand...

Sa position morale vis-à-vis de son milieu,
où l'on sourit finement de ses rêves : Egalité,
solidarité, justice... est esquissée avec toute la
discrétion désirable dans *Les Chimériques :*

> « ...Eux laissent dire... et l'étincelle
>   Couve en leur âme... »

Aussi bien, les morceaux au charme voilé, aux
notes effleurées, aux ombres fines, nous ren-
dent-ils chacun quelque aspect d'elle-même. *Le
Mystère de l'âme*, c'est le sien :

« J'ai dans l'âme une source, une source ignorée... »

Les *Poètes sans voix*, bien qu'elle soit à ses heures poète sonore, c'est elle encore. Atténuons sensiblement les termes dans les dernières strophes très belles, et nous aurons le caractère mystérieux, parce que sacré, de sa vocation :

« ...Sans l'avoir profané sur un vulgaire autel,
Pur des gloires d'en-bas, vous l'emportez au ciel ! »

Jusqu'au *Pauvre Homme*, consolé par sa muse, le soir, dont les joies intimes et les humbles fêtes rappellent les siennes !

                                                    [elle,
« Elle entrait (la poésie) et la nuit s'enfuyait devant
La chambre s'emplissait des parfums du printemps.
Elle venait à lui, fiancée immortelle,
Et sans lui dire rien le regardait longtemps... »

Mme de Pressensé, assurément, a connu les miracles de ces rencontres ; temps heureux où les poètes avaient une Muse...

Les « Nouvelles Poésies », adjointes à l'édition de 1875, nous donnent quelques impressions dernières d'une rare intensité : C'est l'année 1869, la grande année humaine où elle mêle sa vie à la vie du peuple, connaît André Léo, et rencontre chez elle un type nouveau : celui de l'homme qui, appartenant aux classes populaires, s'est élevé au-dessus d'elles assez pour pouvoir raconter leurs souffrances en les synthétisant de cette manière qui impressionne. — Le peuple lui-même, souvent inconscient, raisonne peu sur ce qu'il a souffert. — Cette strophe, la première des vers à Malon, n'est-elle pas une des plus grandes que Mme de Pressensé ait senties et écrites ?

« Je l'écoutais parler, et comme dans un rêve,
Il me semblait marcher la nuit sur une grève
       Au bord d'un Océan,
Et je voyais monter une noire marée
Dont chaque vague était la douleur ignorée
       De quelque être vivant... »

Puis la guerre, le Siège, la Commune. Silence. Le poète, qui n'est alors qu'une femme française au cœur navré, ne parlera plus, sinon pour saluer d'une voix étouffée les quinze ans allègres de sa plus jeune fille ; car l'alouette jeunesse chante encore dans les familles quand la patrie est en deuil ; c'est même une pitié de Dieu. Enfin, le *chut* très doux de l'épilogue :

« La corde d'argent s'est brisée,
Le luth ne peut plus que frémir...
La source vive est épuisée,
Le cœur ne sait plus que souffrir.

...L'âme en deuil garde le silence,
Et je veux me taire et pleurer. »

(Juillet 1871).

Il appartiendra à *Ninette* et au *Petit Jean* de rompre ce silence tragique et de rendre à la poésie ses belles ailes d'azur...

> Ils sont doux sur vos lèvres roses
> Les vers que l'on a faits pour vous... (1).

J'ai tout dit sur les « Poésies », et je n'ai rien dit. J'ai analysé froidement le contenu de ce petit volume, et le petit volume reste plein, plein à déborder. C'est qu'il me paraissait oiseux de rappeler encore une fois cette chose si belle : la compassion extraordinaire de Mme de Pressensé formant l'aliment de sa poésie ; la vocation d'amour qui brûle enfin toute sa flamme dans ce recueil comme en un sanctuaire qu'elle se serait choisi. Sur ce sujet, je m'abstiendrai de citations. A quoi bon ? Les plus nobles vers de Mme de Pressensé sont empreints dans tous les cœurs ; ils font partie de nous-mêmes ; quelques-uns, à tant circuler, ont fini par ressembler à une monnaie usée, preuve de l'universalité des besoins auxquels ils répondaient. Mme de Pressensé n'eût pas souhaité mieux. Les « Poésies » resteront le plus beau monument de la souffrance ressentie pour les autres, souvent même à la place des autres. Comme pour la dramatiser encore, le poète fait intervenir sans cesse au cœur de son sujet la figure

(1) « Aux enfants » (*Ninette*).

du Christ mystérieusement liée à cette douleur humaine dont lui seul a pu soutenir tout le poids. (« *Vous m'avez laissé seul* » — « *Mon âme est triste jusqu'à la mort.* » — « *Rêve* », *etc.*) Il est vrai que Son cœur s'en est brisé ; mais Mme de Pressensé en réclame autant pour elle-même :

« Le Fils de l'Homme aussi devant ce grand abîme
   A frémi comme toi.
Son âme a défailli sous son fardeau sublime,
   Mystérieux effroi...

Mais comme le héros pressant sur sa poitrine
   Les glaives meurtriers,
Il livra tout son cœur à la douleur divine
   De ses saintes pitiés.

Et son cœur se brisa... Qu'il transperce ton âme,
   Ce glaive de douleur !
Laisse-toi consumer par la céleste flamme,
   Laisse briser ton cœur !...

Car la compassion... »

Tous nos cœurs achèveront.

Mme de Pressensé, envoyant les « Poésies » à M. Charles Secrétan, exprimait sa satisfaction de ce que ce livre fût enfin « la juste expression de sa pensée comme de son sentiment », sans aucun des ménagements qu'elle avait cru devoir garder dans le « *Journal de Thérèse* », par exemple.

« Vous trouverez ma foi tout entière dans mon livre. Tel que le Christ y est, tel il est pour moi. »

C'était trop encore pour quelques-uns ; ce n'était pas assez pour quelques autres :

« J'ai un petit peu peur de mes amis, si généreux, si oublieux d'eux-mêmes, mais si absolus », écrit-elle.

Mme Champseix, qui répond point par point à la description, reçoit l'hommage amical des « Poésies, » en affectant d'en considérer uniquement le côté artistique, la forme :

« Après votre départ, hier, je me suis demandée comment je ne vous avais pas parlé de votre livre... J'en étais fâchée, parce que vous devez avoir emporté de ce fait le sentiment d'une injustice, et d'un travers d'esprit de ma part. Je n'en ai lu que les premières pièces et avec plus de plaisir *le lac Némi, à Manin,* et *à Alfred de Musset.* — J'y trouve de charmantes choses, et surtout je vous y trouve, ce qui m'est très doux. Vos vers sont, en général, pleins de charme et d'élévation. Je ne vous dirai pas que je les trouve parfaits ; cela ne m'arrive d'aucuns, ce qui ne veut pas dire que ce soit faute à la poésie... J'aime la pensée pure, ciselée d'un bloc sans rognures ni surcharges, et la rime et même la mesure me semblent son ennemie. Dites que je ne suis pas poète et plaignez-moi. Mais que cela ne vous empêche pas de m'aimer... »

L.

Le ton est contraint, en dépit de quelques inflexions joliment affectueuses ; et le silence gardé sur le point vital a quelque chose de dur et d'absolu : — une porte célée.

D'autre part, une amie chrétienne, personne fort distinguée par l'intelligence, lui écrit de Lausanne avec un intéressant mélange d'enthousiasme et de tristesse :

« Ton livre, c'est quelque chose de tout nouveau. Je ne connais rien qui lui ressemble. Tu es poète par la forme, par l'élan, l'enthousiasme, le sentiment, et avec cela complètement et noblement femme, en ce qu'aucune pensée égoïste ne se mêle à tes chants. Dieu veuille que ce soit une étincelle jetée au milieu de tout le bois mort de la société et qu'une flamme s'en élève. Ces poésies m'ont profondément humiliée; ah ! puissé-je brûler de ta flamme !

…Mais l'ensemble du livre laisse une impression triste… Tu en restes si complètement à Jésus homme ; non pas au vainqueur de la mort et du péché; et il me semble que toujours pour toi le péché est un malheur… On soupire après un accent de foi et d'espérance qui aille au delà des bienfaits de la sympathie humaine. Tu vois que, comme toujours, je suis bien franche, rudement franche peut-être… »

Cette lettre, en sa modération intelligente, me paraît être un type assez juste de l'impression produite par les « *Poésies* » dans le milieu natal de l'auteur. C'est à ce titre qu'elle m'a intéressée.

Celle qui l'écrivait comprenait-elle elle-même toute la portée de l'hommage qu'elle rendait au livre contesté, quand elle ajoutait :

« L'autre jour, j'étais heureuse d'avoir trouvé un moment pour t'écrire, lorsqu'est arrivée une pauvre personne très sourde. *Il a fallu l'impression de ton livre pour m'empêcher de murmurer contre cette interruption.* »

Surviennent, en dernier ressort, quelques amis de goût délicat qui se montrent affligés par ses mauvaises rimes ! Vraiment, les doctrinaires, dans quelque rang qu'on les prenne, et les analystes sont mal commodes à satisfaire ! Mieux vaut mille fois l'ouvrier, l'être instinctif aux admirations spontanées fondées sur les bonnes raisons du cœur. Eux et ceux qui leur ressemblent enlèvent en quelques semaines la première édition des « *Poésies* ». Mme de Pressensé écrit, toute surprise, le 17 décembre 1869 :

« Le public a prouvé qu'il a plus de bons sentiments que de goût littéraire, car j'ai dû me hâter de faire une seconde édition, sans avoir le loisir de faire toutes les corrections que j'aurais voulu. Quelques négligences ont cependant disparu. Je suis tout étonnée de ce succès inattendu, et certainement il me fait plaisir. Mais la vraie joie que m'a valu ce petit livre et pour laquelle je lui serai toujours reconnaissante, ce sont des sympathies venant de ceux qui l'ont en partie inspiré, des ouvriers, des pauvres. Je voudrais pouvoir vous en montrer une d'une femme d'ouvrier que je ne connaissais pas, mais qui est maintenant pour moi une amie. C'est, malgré les fautes d'orthographe, un petit chef-d'œuvre de simplicité et de profondeur de sentiment. Ah ! pour une lettre pareille, venant d'où elle vient, il vaut la peine de subir les rudes attouchements du public indifférent. Je le savais bien que ce public-là, si je pouvais l'atteindre, me serait un frère ! Je suis allée deux fois à Puteaux, dans des intérieurs d'ouvriers, hélas ! tous électeurs de Félix Pyat, tous collectivistes. J'ai là des amis nombreux et chauds. Si vous saviez quelles bonnes et chaleureuses poignées de mains j'ai reçues, quelle confiance on m'a montrée, comme nous avons bien causé, comme ils respectent ma pensée, mon sentiment religieux, comme ils sont généreux, désintéressés, dévoués. Il y a là une sève que je ne trouverais nulle part ailleurs. Les deux fois, on n'a pas voulu me laisser partir sans un repas fraternel, du thé bu sans lait dans des verres. Et tout cela, pour quelques mots de sympathie trouvés dans un livre dont on m'avait prédit qu'ils se soucieraient peu. Après cela, qu'on dise que ce peuple français n'est pas le plus aimable de tous les peuples, le plus cordial et le plus généreux. Je ne puis vous dire le bien que me fait le sentiment d'être avec eux dans des rapports vrais, sans aumône, sans protection ! »

« Cette apparition d'un livre où j'ai mis mon âme et dont je sens bien les grands défauts de forme, à tel point que je ne puis plus l'ouvrir, m'a pourtant laissée bien plus tranquille que je ne l'eusse cru. Au fond je ne regrette pas mon audace ; une seule des sympathies qu'il m'a valu m'en dédommagerait. »

Parmi ces témoignages qui paraissent avoir été nombreux, deux seulement nous ont été conservés, classés parmi les papiers précieux de Mme de Pressensé. Le premier, tout en vers, est adressé « A une Sœur de Pensée » sous la signature de : « Un membre de l'Association internationale des Travailleurs. » En voici les dernières strophes qui ne manquent pas de souffle ni d'allure :

« Par les temps agités où grondent tant de haines,
Où l'on lutte, où l'on doute, où l'on brise des chaînes,
Sans oser jeter les débris ;
Par ces temps où le bruit de tout ce qui s'écroule
Se mêlent (*sic*) aux sanglots des peuples que l'on foule,
Présage de sanglants conflits ;

Il est bon que parfois des paroles amies
Jettent le mot d'amour dans les âmes aigries.
. . . .
Vous donc qui souffrez tant des misères humaines,
Qui voudriez briser chaque anneau de nos chaînes
Et croyez à des temps meilleurs,
Parlez-nous bien souvent, dans ce touchant langage,
De l'avenir de paix dont vous êtes le gage :
Vous êtes l'une de nos sœurs. »

Le second, un ouvrier lyonnais, plus illettré mais non moins bien doué, avec une note de timidité et même de gaucherie charmante qui décèle l'extrême jeunesse, commence par une épître en prose au cours de laquelle il se déclare « poète sans voix » ; et suit, en bon logicien, par trois pages de vers ! La lettre est infiniment belle et touchante ; il faut la citer tout entière, ne fût-ce qu'en souvenir du bonheur qu'elle a donné :

« Madame,

« J'ai lu votre livre de poésies : il m'a profondément impressionné. J'ai senti dans tous vos vers, et surtout dans vos hymnes à la Pologne, à Musset, à l'auteur de l'Oncle Tom, etc., etc. mon âme, à moi poète sans voix, vibrer profondément en harmonie avec la vôtre.

« Je n'ai aucun titre à vous parler ; je ne vous dirai point mon nom, il vous serait inconnu, mais j'écris, les mains calleuses, couvert de ma blouse et dans des heures arrachées au sommeil ; puisque nos douleurs sont à vous, ce sont là les titres que j'invoque pour excuser la hardiesse que je prends.

« Oui, après vous avoir lu, je voudrais vous dire, à l'instar d'un spectateur de Molière : Courage, Madame, c'est là la bonne poésie ! sympathique, austère, vraie, voilà ce qu'elle doit être.

« Cela est ridicule, sans doute, dans la bouche inexpérimentée d'un enfant et vis-à-vis de vous. Mais je vis dans un milieu bien différent du vôtre, et ma voix peut vous être utile comme une faible réponse à vos sympathies exprimées.

« Je ne suis pas chrétien, mais je sais ce quele christianisme vrai renferme de sainte élévation, et j'aime vos poésies évangéliques, du reste, n'est-il pas des hauteurs où toutes les âmes sont de la même religion ?

« Je vous envoie quelques vers écrits après la lecture de votre livre, soyez indulgente ; s'ils sont incorrects, ils sont sentis, et je n'ai ni le temps ni le désir de les polir. »

Sa poésie vaut moins que sa prose, à laquelle de nombreuses fautes d'orthographe donnent un charme plus primesautier encore et plus sincère. Il dit :

« Sans poésie, la vie est bien amère...
... Oh ! chante encore, ô toi qui sais pleurer », etc.

Mais voici de tous les hommages le plus charmant, bien que simple parole et simple geste : un ouvrier que Mme de Pressensé avait beaucoup visité l'accueille ainsi après lecture et méditation des « *Poésies* » : « Madame, permettez-moi de vous embrasser : vous m'avez révélé la bonté... »

Le désir de Mme de Pressensé s'était réalisé et au delà : par le moyen de son « petit volume » comme elle aimait à appeler les *Poésies*, elle avait hâté le moment ardemment attendu « où les hommes de bonne volonté se seront révélés les uns aux autres et reconnus dans tous les rangs. »

Ces mains tendues vers elle, de Puteaux et de Lyon, c'est cela même.

« Paix sur la terre parmi les hommes de bonne volonté ! »

***

L'étoile de l'amour, allumée par Mme de Pressensé à notre ciel, a quatre rayons convergents : Après les *Poésies*, *le Journal de Thérèse*, *Gertrude de Chanzane*, *Geneviève*.

Nous nous arrêterons peu sur ces trois derniers livres aussi « largement humains » qu'elle avait pu le souhaiter à la première heure. Car, si l'œuvre de Mme de Pressensé, c'est sa vie, on peut dire à plus forte raison que sa vie, telle que des documents intimes viennent de la révéler, est un agrandissement magnifique de son œuvre. Tout à l'heure, en l'écoutant parler du peuple et de christianisme avec cette éloquence passionnée qui ébranle toutes les fibres de l'âme, ne nous sommes-nous pas crus, ici à la table bien servie où *M. Merlin* béat traite de la question sociale, où *Hubert* jette ses sarcasmes ; là auprès du lit de *Marcel* vociférant ; là encore dans la petite mansarde de *Céline* où *Geneviève* écoute avec ardeur *Savigny* qui lui parle de haut, la blouse frôlant la robe soyeuse ? Pour les lecteurs familiers de Mme de Pressensé, chaque passage de ses lettres, dans la grande période 1869-1872, évoque une scène. Rouvrez et relisez.

Même donnée dans les trois livres : *Thérèse*, *Gertrude*, *Geneviève*, *Sabine* elle-même avec son cœur fier et solitaire qui brûle au-dedans d'elle, — toutes quatre cherchent dans un trouble passionné la loi de leur vie ; c'est Mme de Pressensé à quatre degrés de la révélation intime.

Au-dessus d'elles, ces deux héroïnes de la charité, *Marie Hersant* et Mme *Juliane*, qui les guident en confirmant les pressentiments mystérieux de leurs jeunes consciences — c'est elle encore ; elle telle qu'elle aurait voulu être, si les plus beaux des devoirs et quelques préjugés à ménager ne l'avaient pas tenue rivée à la vie de tous. Mme de Pressensé souffrit de ne pouvoir se donner tout entière ; n'y insistons pas... Du moins eut-elle la douceur d'incarner deux fois son rêve de consécration. J'aime cette lampe de *Marie Hersant* qui veille, et éveille de son rayon blanc la vocation de *Thérèse* ; je l'aime comme la représentation la plus parfaite en même temps que la plus discrète — l'un sous-entend l'autre — du ministère et de l'influence de notre amie. Mais peut-être s'est-elle exprimée avec plus d'intimité encore dans Mme *Juliane* : la femme en noir qui quitta tout, et voulut être mêlée dans la mort avec ces pauvres qu'elle n'avait pu toucher jusqu'au fond, dans la vie, malgré des prodiges de charité. (« Je ne suis qu'une femme qui s'est trouvée seule au monde et n'a d'autre famille que ceux qui souffrent. ») Qu'on se

rappelle le testament de Mme *Juliane*, le vœu
suprême de la fosse commune...

Ces trois livres n'étaient pas comme les
« *Poésies* » un salut vibrant adressé à l'ouvrier;
ils visaient et visent encore dans la classe aisée
ceux qui méconnaissent leurs devoirs humains,
ceux qui les accomplissent sans délicatesse
(Mme *Merlin* et sa grosse charité), et enfin les
âmes de bonne volonté. Celles-ci trouveront
dans cette sorte de trilogie une initiation complète à la charité, et quelle charité ! *Le Journal
de Thérèse*, le plus idéaliste, nous en fournit la
théorie : *Marie Hersant* découvrant sous les yeux
de sa petite amie l'enseignement nouveau, en
face de l'Océan que leurs deux regards sondent;
grand décor pour ces grandes paroles :

« *Nous sommes appelés à achever les souffrances de Jésus-Christ...* Le mot y est ; vouloir
achever les souffrances de Christ, ce n'est pas de
l'orgueil, ce n'est pas de la présomption, c'est
le devoir, le simple devoir de ses disciples. Que
serait cet achèvement, si ce n'est cette souffrance
de l'amour volontairement acceptée, ces com-
passions de la charité qui font passer en nous,
dans leur réalité, les douleurs qui accablent nos
frères? Depuis que j'ai compris cette parole de
l'apôtre Paul, j'ai mieux pu supporter ma part
de bonheur... »

Avec le même idéal, *Gertrude de Chanzane*
(1872) part d'une observation précise et souvent
cruelle des faits. « Il y a un grand abîme entre

vous et nous », disait pathétiquement l'épigraphe. Les pages amères où l'ouvrier *Marcel* exhale ses révoltes contre la charité bourgeoise devraient être aujourd'hui encore, pour tous ceux qui visitent le pauvre chez lui, l'objet de méditations sérieuses. L'Evangile de la charité est là, dans les malédictions violentes prononcées contre les pharisiens de la bienfaisance, comme dans le sourire de Mme *Juliane*, surnaturel en sa douceur. « Aimer, c'est la vie éternelle », nous dit ce sourire. — Ne déclarons pas, comme il serait commode, que les blessures du pauvre ont été exagérées par l'auteur ; ce serait nous dispenser d'acquérir un toucher plus délicat ; ce serait rétrograder sur notre temps dont les perceptions commencent enfin à s'affiner.

Annonçant « Gertrude de Chanzane » à un ami, Mme de Pressensé s'exprimait ainsi, sous toutes réserves :

« J'ai mis une partie de mon sentiment, *mais rien de ce qu'on appelle ma folie*, dans un petit livre que je viens d'achever. Je suis très loin d'en être contente, mais quand on écrit avec la crainte de faire tort aux autres, on écrit mal et froidement. »

Puis *Geneviève* parut (1885).

Geneviève, c'est enfin celle qui ose.

Seule elle n'a pas besoin d'inspiratrice, et c'est à peine si une parole de *l'abbé Hardouin* détermine son premier élan. En elle l'action et le rêve s'unissent, refondus à la grande flamme de la vie. Quelle création ! que de sève ! Quel puissant charme de jeunesse ! Par ce charme même elle est fille de Mme de Pressensé, comme par les audaces intimes auxquelles correspond chez elle la hardiesse des actes. L'accent impérieux de sa jeune voix passionnée, quand elle signifie à sa mère adoptive ses volontés nouvelles, nous avertit que quinze ans ont passé, déliant Mme de Pressensé elle-même de ses dernières timidités et rendant plus pressantes les revendications de l'amour ou du droit.

Dans le récit, la figure ardente du socialiste *Savigny* a remplacé *Marie Hersant* au doux profil perdu — comme une phase historique succède à une autre phase. Cet homme qui a donné sa vie et ne se reconnaît « pas le droit de souffrir pour son propre compte » ne sourit pas en parlant, comme *Mme Juliane*, mais il prononce sur un ton monotone et doux des choses terribles.

— « D'où venez-vous donc, Savigny ? » lui demande l'honnête Lebeau.

— « De l'enfer », répondit-il d'une voix tranquille, qui ne s'accordait nullement avec cette parole. »

Mme de Pressensé écrira au lendemain de la Commune : « Voilà ceux que l'on accuse de perdre la société ! Les égoïstes peuvent se rassurer... »

Qu'on se figure la consternation de la société choisie, à Paris et ailleurs, en voyant le socialisme idéalisé installé au cœur de la place, et en se voyant elle-même durement flagellée pour ses actes réputés les meilleurs ! Ce fut un étonnement scandalisé ; une émotion pénible toute pareille à celle qu'éprouva Mme *de Préal* elle-même, en constatant qu'elle avait accueilli à sa table « un pauvre abbé à moitié socialiste... »

— « Vraiment?.. » répondit Mme de Préal, avec une expression d'aussi douloureux effroi que si on lui eût révélé qu'elle avait admis à sa table un malfaiteur. « Je suis désolée de l'avoir invité ! »

— « Non, non, ne le regrettez pas. Il ne faut pas laisser à eux-mêmes ces esprits mal équilibrés... »

On n'a pas l'ironie plus fine ni plus cinglante. Comment s'étonner que *Geneviève*, après *Gertrude de Chanzane*, ait été accueillie avec une froideur frisant l'hostilité, dans la société mi-religieuse mi-mondaine de nos pays de langue française ? En revanche, combien de jeunes âmes sur le seuil des vingt ans ont tressailli en le lisant, et senti qu'elles s'éveillaient !

Je n'ai pas encore rappelé la grande audace de *Geneviève* ; comme quoi elle, fille adoptive de Mme *de Préal*, s'unit à *Jacques* le maçon, au mépris de tout ce qui sépare. En se donnant à lui, n'est-ce pas à *tous les pauvres* qu'elle s'est donnée, elle heureuse, réalisant avec magnificence ce que les « *Poésies* » avaient tenté une première fois ? Il le semble. L'épigraphe du livre aurait pu être : « *Il n'y a plus d'abîme* entre vous et nous » ! Loin de moi, cependant, l'idée de réduire à un froid symbole l'amour ardent et romanesque de *Geneviève* pour *Jacques*, de *Jacques* pour sa « rose de mai ». Ce serait méconnaître tout un côté du caractère et du sentiment de l'auteur et non le moins charmant : Elle aimait l'amour. Or, il est dit que dans ce livre nous la retrouverons tout entière. Arrière les hésitations, les scrupules et les contraintes ; c'est elle enfin, dans la fière liberté de sa pensée comme dans la plénitude de son talent !

****

« Si vous saviez comme je suis lasse de Paris et de cette vie demi-mondaine, demi-religieuse, mais *si peu humaine !* » s'écriait Mᵐᵉ de Pressensé au printemps 1869. « Saurai-je jamais ce que c'est que l'unité ? Le sait-on mieux ailleurs ? Ce morcellement, cet à peu près en tout, est-il une condition de notre existence bornée ? » Et elle concluait : « Faut-il accepter ou triompher ? »

L'ensemble du jugement étonne, après que nous l'avons vue tendre tant de fils vivants entre l'humanité et elle, dans Paris foyer de souffrance et de travail. « Une vie si peu humaine ! » Écrivait-elle cela pendant une de ces absences de son mari qui la laissaient accablée sous une tâche double et l'obligeaient à avouer « une étrange fatigue physique et morale » ? Je ne vois aucune coïncidence de dates. Ou bien lui échappait-il, ce mot lassé, sous l'étreinte des soucis matériels, dans les efforts décourageants de chaque jour pour rééquilibrer un pauvre budget boiteux ? Peu de fortune, quatre enfants grandissants, maison ouverte, et toutes les conséquences pratiques de l'esprit de sacrifice et de compassion qui embrasait leurs deux cœurs — il fallait souvent solder par un déficit. En 1869, on « monte au cinquième » commençant ou poursuivant une série de pérégrinations qui feront évoluer la jeune famille autour du Luxembourg ou du Val de Grâce. « Nous serons près du ciel, mais les Alpes sont hors de question !... » écrit Mme de Pressensé au moment où, pour les mêmes raisons, le projet d'un voyage en Suisse vient d'être abandonné. Elle est enjouée ; ce seraient là pour elle renoncements légers et presque doux, sans la cause qu'elle juge anormale. Quoi qu'il en soit, ce n'est pas là ce qui la fait soupirer. Désespère-t-elle de la lutte journalière, de cette petite lutte incessante, rongeante, usante, que nous sommes souvent portés à identifier avec notre milieu ; elle pour qui « la vie est un labeur », elle « mauvais animal domestique » à ce qu'elle déclare ? Dans son Journal, voici ses aveux explicites : « J'ai senti que je remplis mal mes devoirs prochains. » — « Je ne puis faire de bien à ceux qui vivent près de moi, » etc., etc. Non, car plus une existence implique de combats intimes, plus elle est humaine.

Souffre-t-elle de ne pouvoir assez retremper son âme aux sources du recueillement? de devoir, pour sa vocation littéraire impérieuse, voler quelques heures sur ses nuits? Oui sans doute, toutes ces limitations lui sont pénibles et douloureuses ; mais ce n'est pas encore cela, les conditions *peu humaines*. Ce n'est pas non plus l'excès du travail dans la vie intense, pour parler avec le président Roosevelt ; car :

« J'aime beaucoup qu'on se tue de travail, » déclare-t-elle, « cette forme de l'ascétisme est la seule compatible avec notre temps ! »

Mais voici : son temps est dévoré, sa force gaspillée. Je cite ; autrement, on pourrait m'accuser d'exagération :

« Si je vous dis qu'hier j'ai eu dans ma journée 32 personnes à recevoir (je les ai comptées par curiosité), ensuite du monde à dîner, et du monde le soir jusqu'à minuit, plus trois heures de leçons à donner et enfin, pour couronnement, des épreuves à corriger et un certain nombre de lettres à écrire ; qu'en bonne citoyenne j'ai encore lu le journal entre deux et trois heures du matin, et que c'est tous les jours à peu près de même, me pardonnerez-vous d'être un peu stupide ? Mais surtout gardez-moi le secret de ces excès, c'est une nécessité de la situation : tout, sauf le journal, mais je ne veux pas ignorer l'état de mon pays... »

... « Je crois avoir une bonne matinée devant moi, et les oiseaux du ciel me la mangent toute... » etc., etc.

Par ce terme d'« oiseaux du ciel », vous pouvez croire qu'elle ne désigne pas le pauvre, dont la main fait souvent tinter sa sonnette de huit heures à midi. Non, ce sont les visiteurs oisifs, *les allants et venants* — mot terriblement expressif pour qui voudrait travailler et se recueillir ! — tout le flot de la sociabilité qui passe librement à travers sa vie et la dévaste. Elle paie ainsi son tribut comme femme d'un grand homme qui est lui-même le cœur le plus généreux et le plus accueillant de France.

« Si vous saviez, s'écrie-t-elle, comme cette *conversation éternelle* me semble impossible quelquefois ! »

« Nous avons été jusqu'ici toujours quatorze ou quinze à table, sans compter les allants et venants, et en présence du matin au soir... *Oh ! for a lodge in a wilderness !* »

Voilà la souffrance irritante installée au cœur de sa vie. Dans une troisième plainte exhalée, son grand mot : *humain*, revient sous sa plume, irrésistiblement, éclairant pour nous le jugement qu'elle avait porté sur la vie à Paris :

« J'ai décidément une part de sociabilité plus large que ma nature ne le comporte. L'excès de sociabilité exclut les rapports *vraiment humains*, les rapports simples et vrais. »

***

Par des circonstances qu'elle n'avait pas appe-
lées, l'heure allait sonner pour elle où la vie
deviendrait *humaine*, et où, dans l'intérieur de
Paris assiégé, les hommes à quelque rang qu'ils
appartinssent se rencontreraient dans des rapports simples et vrais.

« J'appellerai le siège de Paris le plus beau
temps de ma vie en vous parlant à vous à qui
je n'aurai pas besoin d'expliquer pourquoi, »
écrit-elle à M. Charles Secrétan.

A nous non plus, elle n'a pas besoin d'expliquer pourquoi... Car nous la connaissons et
j'ose dire que nous la comprenons, après l'avoir
si longtemps écoutée.

« Le plus beau temps de ma vie » — il y a
plusieurs acceptions à cette parole extraordinaire : Tout d'abord et surtout, les souffrances
du siège réparties presque équitablement entre
deux millions de Français, un cœur et une âme,
— vont effacer les inégalités sociales dont l'aiguillon meurtrissait sa chair. Plus de privilèges :
le pauvre vaut le riche, le riche souffre comme
le pauvre, quelques-uns disent même autant que
lui. L'abîme que constatait *Gertrude de Chanzane*
serait comblé à moins. Mme de Pressensé va
connaître enfin la valeur de ces privations effec-
tives qu'elle est depuis si longtemps jalouse de
partager ; quand *Geneviève* voudra envoyer à
Céline le bois destiné à chauffer sa propre cham-

bre, nul ne la traitera d'extravagante tant le renoncement est dans l'air.

J'ai dit communion de souffrances; il faut dire aussi unité de sentiment :

« En souffrant ensemble nous apprendrons à connaître la fraternité », dit *Gertrude* pressant la main de *Marcel*, celui qui n'a pas voulu de sa charité.

« L'excès même du malheur n'a-t-il pas sa consolation ? Nous souffrons tous, mais d'un seul cœur dont le battement puissant nous remplit d'une joie sainte en même temps que de douleur. »

Grande époque pour celle qui écrivait : « Je suis née solidaire ! »

Enfin et pour autant que la préoccupation de sa vie individuelle surnage en elle, Mme de Pressensé peut se réjouir de ce qu'elle a réalisé l'harmonie tant désirée, tant appelée ; le grand accord entre la pensée et la conduite. Elle vit comme elle aurait toujours voulu vivre ; elle va où son cœur la porte, d'un vol simple et droit ; et tous font comme elle. Que serait la paix qui l'inonde, si ce n'est cela ? De ce but digne d'elle, plus rien ne la distrait ni ne l'écarte, aucunes conventions, aucuns préjugés, aucunes de ces obligations artificielles que la société fabrique à plaisir pour ses victimes. On ne se rencontre que quand on a quelque chose de grand à se dire, ou plutôt en se rencontrant on va droit aux grandes choses. *Hubert* le constate entre ses camarades et lui. Tout est devenu simple et vrai, tout est généreux aussi : Dans les plus jeunes cœurs, qui se brisent naïvement après le désastre, la notion du bonheur personnel a disparu, refoulée pour un temps. Rappelons-nous les déclarations de *Gertrude de Chanzane* à genoux devant Mme Juliane : « Il me semble impossible d'avoir jamais une pensée pour mon bonheur personnel. » — Voici le témoignage du jeune de Pressensé qui suit en volontaire adolescent l'armée de la Loire :

« Je ne croyais pas qu'il fût de notre âge de ne plus espérer ! »

Les affections de famille elles-mêmes ont fait place à plus grand qu'elles, laissant au cœur une meurtrissure ; les cercles se rompent ; on se quitte, les plus jeunes pour aller abriter hors de France leur jeunesse encore rieuse, les plus virils pour suivre les péripéties de la grande lutte. Se retrouvera-t-on ? Les gares de Paris voient journellement des scènes pathétiques. Seules, les familles des pauvres restent intactes. « Pour une fois, vous êtes les heureux ! » s'écrie Mme de Pressensé, avec l'accent qu'on devine.

La famille du pasteur de Taitbout avait éprouvé le sort commun, et plus que le sort commun, car les fils y avaient subi la contagion du patriotisme des parents. Tous deux s'étaient enrôlés dans l'armée de la Loire, celui qui n'avait pas vingt ans et celui qui en avait seize. Le premier se battit « comme un lion », disent les textes, conduisant ses 300 marins à une véritable boucherie dans la journée de Freteval et recevant ensuite les félicitations de son amiral, Jaurès, lequel crut devoir informer la famille d'une si brillante conduite. Son cadet, trop jeune pour le service régulier, avait obtenu d'être attaché dans le même corps au service des ambulances, mais n'avait obtenu que cela, et brûlait de prendre une part plus active aux combats dont il était le témoin, « en détruisant plutôt qu'en reconstruisant ! » Tel est le mot de son jeune et violent enthousiasme. Les deux frères combattaient ainsi côte à côte, mais sans jamais se voir, sans que l'un rencontrât jamais la main émue de l'autre ; grand symbole d'une grande époque où la patrie absorbait la famille, mais en dilatait le sentiment.

M. Victor de Pressensé père était à Tours, où il devait mourir loin de son fils et sans même lui laisser savoir qu'il mourait. Le silence, dans ce temps, recouvrait des agonies, et on en avait peur, plus que de la parole écrite. A Tours également, Mme Mathilde Suchard de Pressensé, alors Mme Lemaître, se dévouait à organiser des ambulances, palliant ainsi les douleurs de l'exil — si je puis dire — et les anxiétés inouïes de la séparation.

Car seuls, fidèles entre les fidèles, M. et Mme Edmond de Pressensé étaient demeurés à Paris, après avoir dirigé sur la Suisse leur plus jeune fille. Et ils y travaillaient ensemble, plus unis que jamais dans leurs deux activités identiques, dont l'une était simplement la forme féminine de l'autre. Tandis que M. de Pressensé

accompagnait, comme infirmier, la garnison de
Paris dans ses sorties et organisait à tout propos
des réunions populaires, jetant dans ces amas
humains l'étincelle de vie — Mme de Pressensé
s'était donnée corps et âme aux ambulances, y
occupant un poste peu envié, auprès des soldats
atteints de petite vérole.

C'était au collège Chaptal, bâtiment non-
achevé qui avait été en hâte approprié pour
ces besoins nouveaux, par l'initiative de quelques
femmes dévouées. On y veillait à tour de rôle,
deux par deux généralement : longues soirées, nuits glaciales et solennelles où la mort
frappait dans les salles et où, conformément au
ministère très grave qu'elle s'était réservé,
Mme de Pressensé rendait les derniers soins au
soldat mort, l'accompagnait à la lueur d'une
lanterne falotte dans les sous-sols où était la
morgue ; et enfin, revenue à son poste, écrivait
doucement aux parents de celui dont le lit était
vide... aux parents des vivants aussi, car sa
plume était bonne pourvoyeuse pour tous. Elle
ne faisait pas beaucoup de bruit, m'écrit une de
ses collaboratrices de la première heure, mais à
son apparition s'illuminaient les visages de « ses
petits mobiles » ; et elle était le foyer d'où rayon-
naient tous les dévouements secondaires.

Temps étrange que celui où, assistant chaque
jour des mourants et accompagnant des morts
inconnus, on pouvait passer trois semaines
sans nouvelles de ses absents bien-aimés : du

père âgé, des fils en péril ; et où on le supportait !
Que ne supporterait-on pas dans les heures de
grand sacrifice national ? « Pauvres chers garçons », disait simplement Mme de Pressensé,
« ils font leur devoir ! » Elle avouait, après la
réunion seulement, que cette séparation avait
été « semblable à la mort ». On s'écrivait, sans
espoir, des lettres qui effectivement avaient
toutes chances de ne jamais parvenir ; mais
avec quelle tendresse on s'exprimait dans ces lettres incertaines ; comme les cœurs meurtris se
cherchaient avec aspiration, comme on aimait
ceux que, d'une heure à l'autre, la patrie ou la
mort (c'était tout un à ce moment) pouvait re-
demander. Bientôt avec l'armistice, les lettres
partiront ouvertes, et les sentiments qui n'ose-
ront s'y exprimer y établiront une sorte de vide
saisissant...

Je ne parle pas ici des lettres de Mme de Pressensé elle-même, dont je n'ai lu aucune. Ce
qu'elle en écrivait alors, c'était surtout pour ses
petits mobiles. Et puis, à mesure que le désastre
se consomme, je crois la voir devenir plus silencieuse, les lèvres scellées par la douleur qui dé-
borde de son âme.

Même alors cependant, elle confie à quelques
amis de choix et épanche dans deux ou trois
livres son sentiment, ou plutôt « une partie de
son sentiment », comme elle disait en sa réserve.
C'est une lettre rétrospective à M. Charles Secrétan, pour le remercier de sa sympathie sans

condescendance ; ce sont les cent dernières pages de *Gertrude de Chanzane*, l'histoire de quelques-uns étant devenue rapidement l'histoire de tout un peuple, et grandissant jusqu'aux proportions de l'épopée. En 1885, elle y revient dans *Geneviève*, dont le jeune front a aussi été touché par les rouges lueurs de 1871 ; enfin, dépôt tout intime, elle a jeté dans les dernières pages de son journal maternel, au jour le jour, quelques faits de cette grande époque à peine relevés par quelques impressions très sobres. Souvent même elle se borne à prendre en note les noms de ses mobiles, leurs cas, et les promesses d'écrire qu'elle a faites à quelques-uns. L'affectation nouvelle donnée au petit cahier brun, qu'elle est expressive ! A la suite de ses observations et de son récit maternels, un feuillet blanc — puis la mère s'efface, et c'est tout à coup le livre de la patrie :

« Le 7 octobre 1870.

« Il y a maintenant trois semaines que nous ne savons rien de nos enfants, rien de nos parents... Je veux écrire chaque jour un mot dans ce journal pour me souvenir. Ce matin nous avons vu partir deux ballons. L'un contenait Gambetta, l'autre M. Maze allant faire une commande de fusils américains. Quand ils ont monté dans le ciel bleu et que la foule a crié : « Vive la République ! » il semblait que le cœur allait se briser d'enthousiasme et de douleur. M. Maze emportait une lettre pour Hélène... On dit que nous n'avons qu'à nous rendre. Cela m'a indignée. Le peuple sent donc mieux que ses chefs, ou est-ce seulement qu'ils connaissent moins la situation ?

« (Le 11 octobre)... Je ne me sens d'accord avec personne. Voici ma devise prise dans le *Rappel* : « C'est maintenant l'heure de la patrie, l'heure du peuple viendra après. » (Parole réalisée dans un sens terrible : la Commune, hélas ! après le siège !)

« (Jeudi 13 octobre). Veillé cette nuit à Chaptal... Nous avions une quinzaine de malades et deux immenses salles à surveiller. Un des nôtres avait une sorte de fièvre chaude. Le blessé mourant nous a bien intéressés, il parlait de sa mère. Un 3° était atteint d'un rhumatisme au cœur et me disait toujours qu'il allait très bien. Il y a eu hier un combat dont nous ne savons encore rien. Je n'ose rien espérer.

« (Le 12 novembre). Depuis que je n'ai écrit nous n'avons eu que déceptions et amertumes. Le 31 octobre, les tergiversations du gouvernement, la défaite du Bourget, l'alanguissement du courage de tous. Paris, si beau aux premiers jours, chavire dans le ridicule. Ma seule consolation, ce sont mes pauvres mobiles malades et blessés.

« Je veux parler d'eux pour m'en souvenir plus tard. Lundi dernier, triste nuit entre un mort, un mourant et un suicidé en proie à une horrible agonie. Le jeune mobile poitrinaire est mort dans mes bras, le lendemain mardi vers le soir. Il était orphelin, à peine âgé de 22 ans et d'un caractère triste et doux. Il avait plusieurs frères et sœurs et payait la pension de la dernière. J'ai fait mettre une croix sur sa tombe. Un autre mobile, Cœurdroit, après m'avoir dicté une lettre pour sa jeune femme, m'a dit :

« Maintenant, voulez-vous mettre votre nom au bas ? » — et comme explication de cette demande : « C'est afin que lorsque je serai retourné là-bas nous ayons au moins quelque chose de vous. » C'est le même qui me parlant de son enfant mort à trois jours disait : « Il aurait eu hier 23 mois. » Tous ont le cœur ouvert, aimant, des affections de famille très vives. L'un d'eux, Arthur Malot, disait :

« Ah ! voir mes parents aujourd'hui et mourir demain ! » Ils ne veulent pas leur laisser savoir qu'ils sont malades. Il y a aussi le mobile des Batignolles, sergent blessé au Bourget, qui est charmant. Je n'oublierai jamais avec quel air confiant et rayonnant il m'a fait appeler pour me communiquer l'extraction de sa balle. Il n'est pourtant pas de ma salle, mais ils sentent bien quand on les aime. Oui, c'est une grande joie pour moi de sentir que je puis me faire aimer d'eux et obtenir tout de suite leur confiance.

Nous avons eu des nouvelles des nôtres par M. de Rémusat. Voilà trois semaines de silence. Jeudi Roger nous a emmenés entendre une grande représentation musicale. Cela m'a fait mal. Plus rien ne vibre. Pour supporter la musique, il faudrait de l'héroïsme dans l'air, il n'y en a plus. Nous avons à nous refaire un honneur national, une patrie. »

Puis ce sont les petites notes dont j'ai parlé, indices précieux d'une activité du cœur : « Je dois écrire la mort de Chapelle, Alphonse, à ses parents à... » « Mobiles qui m'ont surtout montré de l'affection... »

« De l'Ain apprend à lire. »

« Cœurdroit viendra me voir, » etc., etc.

Pour retrouver les grandes émotions qui couvent sous ce style uni et font palpiter, comme un vent intérieur, ces phrases au tour monotone, ces mots simples et doux, c'est à « Gertrude de Chanzane » qu'il faut revenir. « Gertrude de Chanzane » est-il moins vrai ? Non, c'est de l'histoire encore, à travers la fiction réduite à son minimum, mais de l'histoire écrite dans un léger recul de quelques mois, qui restitue aux choses toute leur grandeur d'ensemble, en leur laissant toute leur émotion. Vous rappelez-vous la page sévèrement belle qui commence par ces mots, en date du 1er janvier 1871 :

« Je te salue, année 1871 ! J'aime à te commencer dans cette grande tristesse... » — et dont le son plein, grave, ému, n'est comparable qu'à celui des cloches dans un grand jour ? Vous rappelez-vous cette autre page, électrisée par l'enthousiasme, où Mme de Pressensé nous donne en quelque sorte la réhabilitation de Paris? Oui, ce Paris censé frivole auquel on voulait refuser la faculté du sacrifice s'élève dans le malheur à une attitude de dignité et de courage qui révèle chez lui un caractère nouveau. Mme de Pressensé en tressaille de fierté, mais non de surprise, car elle connaît et elle aime l'âme populaire de la grande ville où elle a tant travaillé ; elle croit en elle :

« On m'assure, écrit *Gertrude de Chanzane*, que Paris léger, fantasque, nerveux comme une jolie femme, ne résistera pas trois semaines. On dit qu'il ne pourra pas même supporter la crainte de manquer de beurre et de lait, bien moins encore la privation de nouvelles du dehors, lui le grand badaud du monde moderne. Je ne connais guère Paris, mais mon cœur me dit qu'il vaut mieux que cela et que, dans cette ville immense, il y a place pour autre chose que cette frivolité dont on voudrait faire sa seule qualité... »

Plus loin (toujours le journal de *Gertrude de Chanzane*) :

« Les jours passent si monotones, si tristes, si étranges dans leur sévère beauté, que je n'ai guère de courage pour écrire. L'expression serait au-dessous du sentiment. Sans doute, il se trouve beaucoup de plumes plus habiles que la mienne pour décrire Paris pendant cette phase si extraordinaire de son histoire, ce Paris guerrier, vaillant, austère, si naturel et si mesuré en sa grandeur. On souffre, mais personne ne se plaint.

Le matin, quand nous passons devant les boulangeries en nous rendant à l'ambulance, les longues queues d'affamés sont là, depuis plusieurs heures déjà, les pieds dans la neige, le visage bleui et contracté par le froid. Eh! bien, ces lèvres violettes nous sourient et répondent à notre sympathie par des paroles de gaieté, ou tout au moins de courage...! »

*_**

Tout cela, malgré tant de souffrances, c'était encore « notre beau temps », comme disait Mme de Pressensé avec son amie et collaboratrice, mademoiselle Vieux, de Genève.

Mais voici les heures houleuses de la Commune, où viennent sombrer les joies déjà profondément troublées des réunions de famille.

Le 26 mars 1871, Mme de Pressensé écrit à M. Charles Secrétan la lettre que j'ai dite, dans un état singulier d'engourdissement et de douleur et sur un ton de rêve. La figure de l'*Aurore* au tombeau des Médicis parlerait ainsi, il me semble, si ses lèvres de marbre exprimaient un jour la souffrance de son front contracté, de sa noble tête qui se renverse en s'éveillant.

« Je n'ai presque pas de courage pour vous répondre... J'ai encore besoin de me reprendre et de me retrouver. A vrai dire, je suis un peu comme la France, notre pauvre France, mon cœur seul est encore vivant, le reste est mort ;

je ne sais plus penser, pas même à ma manière vague d'autrefois, plus suivre un raisonnement, plus tirer une conclusion, plus lire une ligne. C'est une sorte de chaos duquel surnage seul le besoin, la volonté d'aimer et de souffrir. » (Toujours la devise des Poésies !) « Mais il faudrait comprendre aussi pour agir, et je ne comprends plus rien, ni Dieu — Je retire ce mot absurde car le Dieu de Guillaume n'est pas le nôtre — ni les hommes, ni les choses. Aussi je ne me trouve à mon aise qu'avec les êtres chaotiques comme moi, et les gens qui savent et qui pensent me sont comme des étrangers... Mais ce que j'ai bien compris et ce dont je remercie Dieu c'est que vous avez souffert, que vous souffrez avec nous, que vous ne nous jetez pas l'orgueilleuse pitié du pharisien, que vous n'adorez pas la force, pas même la discipline, et que je pourrais sans révoltes vous entendre parler de notre malheureux pays. C'est une grande chose... J'appellerai le Siège de Paris le plus beau temps de ma vie, en vous parlant à vous à qui je n'aurai pas besoin d'expliquer pourquoi ; mais depuis, que de souffrances et que d'humiliations ! Inutile de vous dire que celles de ces derniers jours sont les pires de toutes. Je suis profondément seule dans ma manière de souffrir, je ne puis partager les haines des autres, et le crime de notre peuple me semble être notre crime avant d'être le sien... Et nos pieux ennemis et nos amis si prodigues de pitié triomphent...

…Malgré cette grande douleur de ne pas revoir notre père, nous aurons été bien épargnés. Retrouver tous nos enfants vivants après cinq mois d'une séparation si semblable à la mort, *c'est un bonheur dont on est presque honteux* en présence de tant de douleurs sans nom.

…Sans doute vos filles auront pris leur large part de tout ce qu'on a fait en Suisse pour notre pauvre armée… Ah ! ces soldats, ces mobiles, c'est bien à eux que je dois d'avoir traversé mon hiver sans devenir folle. Les trois semaines pendant lesquelles j'ai été forcément inactive étaient terribles. Nous aurons tous vieilli sans doute pendant cette année étrange, mais quel bonheur ce sera de se comprendre encore !… »

Tandis que dans les mois du Siège la vie de Mme de Pressensé s'est couronnée et a donné sa fleur — fleur douloureuse de la passion de tout un peuple — la Commune va lui faire connaître ce qu'il y a de plus amer dans la douleur patriotique et humaine. Son cœur qui s'était dilaté se serre affreusement. Mais elle a peu parlé de sa souffrance, elle n'en a pas écrit ; le petit Cahier brun reste muet ; *Gertrude de Chanzane*, comme par hasard, a quitté Paris quand l'insurrection se déclare, et elle se contente de jeter de loin ce cri tragique :

« Je sais maintenant que s'il y a un enfer, les élus sont à plaindre dans leur paradis ! »

Qu'est-ce à dire, sinon que Mme de Pressensé

avait abrité dans son cœur, loin de toutes les haines ambiantes, un ardent sentiment de pitié pour le peuple égaré, et qu'elle désira ne pas profaner ce sentiment solitaire en le divulguant. Oui, elle plaignit les coupables comme des victimes, elle les aima, par instants même, si j'ose dire, elle communia avec eux. C'était premièrement pour elle une question de solidarité; vous l'avez entendue : « Le crime de notre peuple me semble être notre crime avant d'être le sien »; puis elle obéissait à la poussée de ses sympathies instinctives, 1869 l'ayant en outre préparée pour 1871 ; enfin, elle avait pu admirer sur les remparts de la ville assiégée de nombreux représentants de cette populace en délire; elle les avait vu soutenir par leur longue endurance beaucoup plus que des combats. Fallait-il faire bon marché de tout cet héroïsme latent ? Jamais elle n'a fréquenté si assidument la demeure du pauvre que dans cette période sombre et louche qui est « l'heure du peuple ». Sa timidité n'est plus. Là, tandis qu'elle s'entretient avec les femmes et les seconde dans leur pauvre ménage, elle voit rentrer les hommes, le visage noir de poudre, le front contracté, et toujours cette parole aux lèvres : « Nous sommes trahis ! » C'est l'enfer de *Gertrude de Chanzane*.

Et au même moment, le printemps fleurissait comme il n'avait jamais fleuri, prestigieux, inondant les champs, les jardins, et jusqu'aux marchés de la ville maudite.

« Tous ceux qui l'ont vu se rappellent la beauté du printemps de l'Année terrible, écrit Mme de Pressensé dans *Geneviève*; ce ciel bleu, ce ruissellement de lumière, ces fleurs qui souriaient dans le moindre jardinet, qui pendaient en grappes sur les murs, ces oiseaux qui chantaient comme éperdus de joie ! Quelle ironie ! »

Du moins, Mme de Pressensé pourra-t-elle sans remords porter des fleurs à son ambulance, sa pauvre ambulance où l'air mauvais empoisonne les blessures et les âmes. Jamais on n'avait eu plus grand besoin de la mission des fleurs. Car le blessé de la Commune, c'est un type nouveau et étranger qu'il ne s'agit plus d'aborder avec une confiance souriante, comme le cher petit mobile ! Après les Bretons naïfs, les Flamands qui ne parlaient que du regard mais parlaient bien ainsi, les Méridionaux enjoués jusqu'à la mort — ce sont, ces faubouriens de Paris, de pauvres êtres haineux, à l'air farouche, qui n'ouvrent la bouche que pour blasphémer. Mme de Pressensé, elle, n'a jamais beaucoup parlé, mais maintenant elle se tait… et ses aides eux-mêmes subissent la grande influence de ce silence qui, tout pénétré d'amour humain, permet enfin de croire à l'amour de Dieu. Puis il y a les vieilles mères et les femmes — ou les veuves — à consoler et à soutenir ; des lettres à porter dans les faubourgs, le soir : — « Dix vies à la fois ! » s'écrie un témoin de cette activité extraordinaire poursuivie au travers de la plus sombre douleur.

M. Roger Hollard a raconté (1) la mission de Mme de Pressensé auprès de Mme S. pour lui annoncer que son mari, communard, avait été fusillé le matin même par ordre du conseil de guerre de Versailles. La petite chambre où le souper reste intact sur la table dressée ; sur le lit, un habit en drap noir et une chemise toute blanche — toilette préparée pour le condamné ; — une femme en furie dont la colère tarit les larmes et qui prend à témoin son petit garçon de la vengeance qu'elle veut tirer ; l'enfant lui-même qui s'exalte et jure de tuer le colonel... voilà le décor et voilà la scène. Mme de Pressensé s'est retirée, sans chercher, directement du moins, à apaiser cette houle. Mais après son départ, Mme S. demande à M. le pasteur Hollard survenu sur ces entrefaites : « Avec cela, pourriez-vous me dire, vous, pourquoi Mme de Pressensé est venue me voir ? Elle ne me doit rien, pourtant ! » C'est l'attrait qui commence à se faire sentir. Quelques années plus tard, non seulement Mme S. avait conçu pour Mme de Pressensé une reconnaissance passionnée, mais encore elle était devenue chrétienne. Les deux amours, *l'amour* avait vaincu une fois de plus.

Ce fait, de septembre 1871, n'appartient déjà plus à l'histoire de la Commune. Car, dans le doux mois de mai, répression ou représailles,

(1) Discours prononcé aux obsèques de Mme E. de Pressensé, le 13 avril 1901.

le canon avait fait feu sur le peuple insurgé et
l'avait réduit. Je sais un cœur qui s'en brisa...
C'est alors que Mme de Pressensé signifia ses
adieux à la poésie, assez jeune de cœur et assez
passionnée pour désirer même ne pas survivre
à tant d'amertumes et de douleurs.

Quelle consolation cependant, quand tout
sombrait, de réaliser avec l'être qui lui était le
plus cher la parfaite unité de conduite ! d'avoir
vu son mari se lever, intrépide, dans les rangs
de l'Assemblée nationale et protester contre la
mise à mort des otages en plaidant les circonstances atténuantes de l'ignorance et de la misère !
— M. de Pressensé, dans le bel équilibre de sa
nature vraiment indépendante, avait réclamé auparavant, contre les excès de la Commune, la vie
de l'archevêque de Paris. — Son courage, que
quelques-uns appelèrent témérité et qui pouvait
être suspect à d'autres, l'exposait à des dangers
dont sa femme fut trop heureuse d'accepter la
solidarité. Elle ne pouvait plus dire à cette heure :

« Je suis profondément seule dans ma manière
de souffrir... »

Passées, sans lendemain, les grandes émotions
humaines de 1869 : rêves d'une rencontre stable
avec le peuple sur le terrain de la libre discussion ; romanesques échanges, espérance impatiente d'un meilleur état social, fût-ce au prix
d'une révolution ! La révolution a bouillonné dans
le sein de Paris, et les conditions sociales sont

demeurées les mêmes ; — seulement, la misère est plus grande, et si nombreux et si pressants sont les maux physiques engendrés par la guerre, puis par la Commune, que c'est à eux qu'on court et à leur soulagement qu'on se dévoue d'une manière exclusive quoique éternellement insuffisante. Pour quand la misère morale ? Mme de Pressensé écrit, accablée, en 1873 :

« Mon mari m'a dit l'autre jour que je n'étais plus même socialiste et qu'il n'y avait plus de plaisir à causer avec moi. Hélas, c'est que je suis socialiste sans espoir. Ma seule préoccupation est : Comment vendre toutes ces chemises ? (nous en avons 1200 en magasin !) Où trouver des fonds ? Où trouver du temps ?... »

Mme de Pressensé avait, au lendemain de la Commune, donné du travail à quelques femmes dont elle connaissait la détresse ; et il se trouva qu'elle avait fondé l'*OEuvre de la Chaussée du Maine*, cet ensemble admirable, si humain dans chacune de ses parties, dont on a pu dire au lendemain de sa mort : « C'est le plus beau livre qu'elle ait écrit. » Remontons ensemble quelques anneaux de cette longue chaîne de bienfaits, tout en renvoyant le lecteur, pour des détails plus précis, au beau chapitre rédigé par Mme Suchard (1).

Ces femmes que Mme de Pressensé occupe

(1) *L'OEuvre de Mme de Pressensé*. Paris, Librairie Fischbacher 1903.

dans son ouvroir improvisé et qu'elle instruit ensuite sont toutes mères de famille, et il semble que toutes lui disent du regard : Voici nos enfants, prenez-en soin ! Voici nos grandes filles, pour que vous les préserviez ; et quel meilleur préservatif qu'un travail honnête et suffisant ? l'*Atelier-École* s'organise par les soins de Mme Suchard. — Voici nos garçons et nos fillettes dont nul ne s'occupe ; instruisez-les, le dimanche et puis la semaine : deux enseignements parallèles à créer dans une correspondance intime. — Enfin, nous vous remettons nos tout petits ; vous les aimez ! gardez-les-nous pendant que nous accomplissons au dehors le travail astreignant du jour : l'*École maternelle* ouvre ses douces portes. — Ce n'est pas tout, ce n'est pas assez : il arrive chaque jour, contre la nature elle-même, que la mère, transportée brusquement à l'hôpital, doive laisser derrière soi la nichée à découvert ; le dernier venu n'a pas six semaines... Ne faut-il pas leur offrir, à ces petits, une branchette de refuge ? un *Asile temporaire*, oui temporaire comme l'épreuve elle-même, si Dieu le veut ! Bientôt cette maison des enfants, où les plus grands trottent, où les plus petits piaillent, élèvera au cœur de Paris (rue de Gergovie) son palais d'azur, et, aujourd'hui comme hier, Mlle Vieux en sera l'âme.

Puis encore, dans ses visites à domicile, Mme de Pressensé a remarqué, sitôt les approches du printemps, de petits visages pâlis, étiolés ou fiévreux qui aspirent après la campagne sans la connaître et sans le savoir. C'est eux, la tendresse de son cœur, la Muse qui invite sa poésie à rendre de nouveaux accents (*Appel aux mères*) ; et c'est pour eux, les *Colonies de Vacances*, ce « fleuron de sa couronne » comme elle disait elle-même :

Je n'ai pas tout énuméré, loin de là ; mais on voit comment les œuvres de sa création naissent les unes des autres avec une spontanéité charmante qui ferait croire que la nature y a mis la main. Jamais Mme de Pressensé ne s'assit à sa table de travail, songeuse en se disant: « Je veux créer ; que créerai-je ? » comme certains théoriciens de la bienfaisance. Elle allait, rencontrant des besoins pressants, le plus souvent particuliers, qui l'émouvaient et y répondant avec son cœur. Et cette réponse — toujours un acte d'initiative — était la semence qui, jetée en terre, lève et produit promptement « un grand arbre » où nichent « les oiseaux du ciel ». L'œuvre de la Chaussée du Maine avec ses rameaux multiples n'est-elle pas figurée de la façon la plus exacte par cette image biblique ? les *oiseaux du ciel* aussi rappelant tant de petits hôtes humains que Mme de Pressensé a tendrement abrités dans ses maisons et dans son grand cœur...

Sitôt qu'elle avait fondé, son premier soin était d'élire une collaboratrice derrière laquelle elle se retirait bientôt en intention et en fait, dans la simplicité de son humilité. D'autres feraient mieux qu'elle et davantage, c'était chose sûre ! Je n'ai pas oublié l'accent de conviction avec lequel elle prononçait : « l'asile de Mlle Vieux » de sa voix voilée en parlant de son cher « asile temporaire », comme si elle était demeurée tout à fait étrangère à cette fondation. On peut vraiment lui rendre ce témoignage qu'elle n'a jamais suscité un sentiment de jalousie chez ceux qui travaillèrent avec elle et sous elle. Tous l'adoraient sans le lui dire. Que de bien n'a-t-elle pas fait en comprenant ainsi le bien à faire !

Cependant, elle devait sentir peser sur son cœur jusqu'à son dernier jour ce qu'elle appelait « le fardeau de la pauvre humanité, » fardeau « de péché, de souffrance et de misère » ; bien qu'elle le reconnût vis-à-vis d'une amie : « Ce n'est pas en s'en laissant accabler qu'on peut faire le moindre bien. »

Voilà en quelques mots son bilan moral de l'année 1885 (l'année de *Geneviève*) :

« Jamais la vie ne m'a semblé plus triste que maintenant. L'horrible misère, les circonstances particulières, les circonstances publiques, tout m'étreint le cœur. Je me reproche de me laisser aller à ce découragement. Il n'y a de salut que dans l'action, et maintenant l'action m'est difficile. » Le même sentiment confinant au désespoir s'exprime encore dans une lettre de mai 1885 :

« Dans ce moment, la vie me semble un si

lourd fardeau que je les trouve bienheureux, ceux
sur qui elle ne pèse plus. Même si je pensais que,
en attendant le grand réveil, ils ne font que
dormir en paix... »

Le luxe qui la frôle et dont elle devient parfois complice ; la froideur et l'indifférence de ceux
que leur vocation appellerait à souffrir comme
elle, lui mettent au cœur une amertume qui jaillit
lorsque quelque grande occasion de contraste :
un dîner en ville, une réception brillante faite à
des souverains étrangers — lui rappellent plus
tragiquement qu'il y a « des malheureux couchant
sur des dalles, » et quelque part en France « des
ouvriers qui se font arrêter pour manger un peu
de pain !... » Ce sentiment sombre, c'est l'empreinte laissée sur son âme par la souffrance solitaire de toute une vie : Nul n'a voulu ou n'a
pu porter avec elle « le fardeau de la pauvre
humanité. »

Mais n'exagérons pas les ombres. Au douloureux mystère de la sympathie, une seule mais
une grande compensation est attachée, et, de son
propre aveu, Mme de Pressensé l'a connue ou pres-
sentie. Elle qui sonda plus d'une fois les abîmes
de la solitude morale s'exprimait ainsi en juin
1889 :

« Vous avez sans doute éprouvé que ce n'est
que dans les *rares moments* où nous nous oublions pour vivre de la vie des autres que *nous ne
nous sentons plus seuls...* »

(A Mme Roehrich).

CHAPITRE VI

« Petits enfants, troupe étourdie !
Jouez, chantez, soyez heureux,
Riantes fleurs de notre vie,
Petits enfants, enfants joyeux.

Vous êtes la branche fleurie
De notre buisson épineux,
Il faut qu'avril chante et sourie
Dans votre voix et dans vos yeux.

Riez, chantez, car Dieu vous aime,
Et nous aussi, nous vous aimons.
Soyez joyeux, folâtres même,
Petits enfants, mais soyez bons.

Si vous voyez, pâle et chétive,
Une fleur trop loin du ruisseau
Se flétrir, pour qu'elle revive,
Donnez-lui votre goutte d'eau.

Si vous rencontrez sur la route,
Pâle, timide, tout honteux,
Un enfant qui souffre sans doute,
Oh ! ne détournez pas les yeux.

Ouvrez-lui votre cœur lui-même,
Et Dieu vous en aimera mieux.
Ces pauvres petits, il les aime
Bien plus encore que les heureux ».

                      (Ninette).

Autre vocation : Mme de Pressensé et l'Enfance. Mère, grand'mère et écrivain. — Joies et pleurs de la vie.

Tous ou presque tous ici-bas, dans le grand partage des joies et des peines, nous avons notre fenêtre ouvrant sur un jardin. Ce jardin sera plus ou moins spacieux et plus ou moins fleuri, nous saurons ou nous ne saurons pas ouvrir notre fenêtre ; la principale inégalité est là.

L'Enfance. — Tel fut pour Mme de Pressensé le grand jardin aux plates-bandes variées et éternellement refleuries, sur lequel elle plongea par toutes les ouvertures de son âme et à tous les moments de sa vie, jusqu'au soir.

Accablée comme elle l'était sous « la grande

douleur universelle », tourmentée par les scrupules et les doutes qui en naissaient, que fût-elle
devenue sans ce regard sur l'enfance ? C'était
l'amour de Dieu révélé dans les yeux émerveil-
lés et purs de *Ninette* et de *Jean* ; c'était aussi
une des rares joies humaines que le privilège
n'empoisonnât pas. Car enfin, l'enfance fleurit
aussi la demeure du pauvre, et grâce à elle les
mansardes ont leurs poèmes. Oui, malgré les privations qui font pâlir les petits visages et endur-
cissent parfois au dehors le cœur des mères
(Voyez le *Petit Monde d'Enfants*), on peut dire
des enfants, comme des fleurs dans les champs
et comme du soleil, qu'il y en a pour tous, de la
part de Dieu. Mais il y en eut pour elle plus que
pour tous : Petites mains cajoleuses, regards de
candeur, malices en boucles blondes, rires jaillis-
sants, c'est avec ce charme-là que, sa vie durant,
elle se composa sa grande part de joie pure.

Or, de joie, elle avait besoin, comme une autre
créature humaine et davantage ; car l'aptitude à
la souffrance sous-entend l'aptitude à la joie ;
ce sont les mêmes cordes différemment touchées.
Si Mme de Pressensé fut douloureuse, sujette au
trouble, à l'angoisse et même à de généreux
mouvements de désespoir, jamais on ne la vit
morose — preuve en soit son ravissant sourire
si prompt à naître qui, venu de loin, semblait-il,
détendait mystérieusement son grand profil ac-
centué, le revêtant de jeunesse morale, presque
d'enfance.

Pas plus que morose, elle n'était plaintive :
je l'entends encore souligner avec une fine malice ce qu'elle appelait « les airs de colombe
gémissante » de certaines jeunes filles. Sanglots
ou éclats de rire, elle voulait les sons pleins et
francs, et que le sentiment du moment fût tout
ce qu'il pouvait être.

De même que son cœur toujours jeune appelait la joie à certaines heures, comme l'oiseau
appelle le printemps, son expérience personnelle
lui rappelait que la joie est moralement salutaire,
qu'elle dilate l'âme, augmente sa force, et qu'en
même temps elle fait sentir le besoin de Dieu,
plus impérieusement que la douleur. Pourquoi
ce dernier effet qui semble contredire à l'observation générale ? Parce que
..... « la douleur remplit mieux le cœur » ; ce
mot, profond comme le cœur à combler, résume
une des plus belles expériences de la joie qu'elle
ait faites en sa vie : je veux parler du mariage
heureux d'un de ses enfants.

« Pour moi, la tristesse est stérile, et la force
me vient plutôt dans les heures de joie, — vous
savez cette joie profonde de ce que Dieu est... »

Ici, c'est le philosophe qui parle ; mais voici
de nouveau la voix de la mère, de la mère que
la vivacité de sa satisfaction désintéressée éveille
le matin avant jour :

« Le bonheur me fait sentir plus que je ne l'ai
encore senti combien la communion avec Dieu
nous est nécessaire. On pense généralement que

l'épreuve est le plus sûr chemin ; sans doute elle l'est, mais non d'une manière exclusive, car rien ne nous fait sentir la soif de Dieu comme un grand bonheur qui dépasse nos rêves et cependant ne suffit pas à remplir notre cœur. Je suis convaincue que ceux qui n'ont pas eu de bonheur ne connaissent pas comme nous la vraie tristesse de la vie, la tristesse de l'insuffisance... et par conséquent ne savent pas aussi bien que sans Dieu le cœur n'est qu'une affreuse solitude ! »

« Je trouve une sorte d'identité entre la douleur et la joie, » dira-t-elle joliment, toujours préoccupée du besoin de ramener à l'unité ; « *être heureux ou souffrir, c'est toujours aimer...* »

Ce mot, un de ceux qui se feraient reconnaître partout comme ayant été prononcés par elle, forme lien naturel entre le chapitre qui précède et celui qui commence. Elle l'a dit : qu'elle souffre avec ceux « pour qui la vie est dure » ; ou qu'elle s'unisse de toute sa jeunesse et de toute sa gaieté à ceux pour qui la vie est encore légère, au petit « Monde d'Enfants », — elle aime toujours. Comme elle aima !

Mme de Pressensé a connu intimement l'enfance, dans trois relations principales : elle a été mère, grand'mère (toujours amie) et elle a été le romancier bien-aimé des petits et des jeunes, la créatrice d'une littérature... Disons simplement qu'elle a vécu sa douce et riche vie de mère, qu'elle l'a vécue une seconde fois auprès de ses petits-enfants, et que son art, si fin, ne fut qu'un miroir penché où vinrent se refléter quelques-unes de ses observations et de ses émotions maternelles. Cela est si vrai qu'en lisant ses confidences dans le petit Cahier brun, déjà cité, nous avons cru revoir en raccourci toute son œuvre subséquente, de *Bois Gentil* à *Une Joyeuse Nichée* et à *Frères et Sœurs*. L'histoire des familles heureuses que Mme de Pressensé écrira en quatre ou cinq volumes impérissables commence ici, et nous la trouvons résumée dans ces quelques lignes tout unies (datée de la Celle-Saint-Cloud où elle a sa « Maison Blanche ») :

« Nous avons mené dans notre solitude une bonne et douce petite vie. Nos leçons, nos grandes promenades du matin, nos lectures, nos histoires, remplissent fort bien nos journées. »

Elle dira ailleurs, du point de vue moral :

« Je trouve tant à étudier, à réfléchir, à pressentir et à jouir de mes quatre enfants que je me demande comment les mères qui sont bien plus riches que moi peuvent y suffire... »

Beaucoup de cette étude réfléchie, un peu de ces pressentiments, et une grande part de ces joies qui viennent en dernier, sont consignés dans le petit Cahier, pendant une courte période de deux ans (1854 et 1855). Considérons-le donc un instant, comme le premier des livres de l'écrivain aimé, et de beaucoup encore le plus spontané. Lui-même ne nous appartient pas, étant de ce domaine intime qu'elle se réservait. Mais son parfum est à nous.

Ce parfum, c'est tout d'abord l'enthousiasme pour l'enfance qui, si contagieux et si frais dans son œuvre, se voile ici par instants sous un sentiment plus sérieux : la responsabilité maternelle. Mais il y a le bébé ! l'être heureux pour lequel la grande éducation n'a pas commencé et qu'il suffit d'admirer et de chérir ! Si l'enfance peut être appelée la fleur de l'humanité, il est, lui, la fleur de l'enfance. Aimant l'enfant à tous les degrés, Mme de Pressensé avait en prédilection tendre ce premier âge dont le charme d'entière dépendance est si doux, elle l'affirmait encore dans sa vieillesse. — Rappelez-vous le petit Henri de *Bois-Gentil*, le tout petit Robert de *Frères et Sœurs*, et *Jacqueline*, avec leur beau rayonnement d'innocence et leur grâce malicieuse. — Dans son Journal maternel, le bébé qu'elle appelle « son chef-d'œuvre » aura souvent le chapitre « le plus long », c'est elle-même qui le déclare, et toujours le chapitre le plus poétique, dans la parfaite simplicité qui la caractérise. Elle enregistre ses premiers sourires, ses premières grâces capricieuses, ses premières petites douleurs. Voici une de ses notes intimes : « Il a commencé depuis qu'il souffre à me dire « Maman ». *C'est la souffrance qui lui a enseigné mon nom.* »

Les aînés, petites créatures de cinq et quatre ans fort précoces, intéressent-ils moins son esprit et son cœur? Non, mais différemment, les premiers ravissements maternels ayant fait place à une sollicitude grave et à une attitude d'attention soutenue. Cependant, elle récolte au jour le jour tous leurs mots naïfs, incongrus, irrévérencieux ou sagaces, avec un plaisir secret qui n'est pas purement pédagogique; ainsi lorsqu'elle surprend sa fillette expliquant à son frère ébahi le mystère de la sainte Trinité... ou que celui-ci établit en ces termes les positions respectives de l'orgueil et de l'humilité dans sa petite personne:

« J'ai souvent beaucoup d'orgueil, mais il y a des moments où je ne le sens plus du tout, c'est quand il descend aux pieds; mais quand il monte à la tête j'ai beaucoup de vanité...! »

Et l'étonnement du petit garçon qui découvre que le bon Dieu a tout créé — même sa bonne:

« Et il a fait *tout Suzanne!* »

Sans commenter beaucoup ces mots en les relevant, il est visible qu'elle s'en délecte et qu'elle goûte silencieusement des joies pures, que ses livres nous revaudront. Elle fait sa gerbe. *Ninette* et *Jean* aux yeux de bleuets, l'espiègle *M*^{lle} *Lili*, *Berthe* à « la langue de poivre », et toute la séquelle des gamins prompts à la riposte: les *Roger*, les *Paul*, les *Maurice*, nous rendront un jour les répliques piquantes, les mots ingénus, et tout ce ravissant naturel enfantin dont son âme s'imprègne. Dites si cette prière, relatée dans le Cahier brun, ne pourrait pas être cueillie sur les lèvres du petit *Jean* (*Une Joyeuse Nichée*), hymne de confiance et de joie enfantines agréables à Dieu et à la mère :

« O Seigneur Jésus, j'ai pris un bain ce matin, et puis j'ai fait une partie dans la forêt, et puis j'ai dîné à une petite table, *j'ai été si heureux !* »

Mais d'une façon générale, ce qu'elle en cite (les petites grâces du bébé toujours exceptées), c'est comme indices psychologiques, pour aider à la détermination des caractères. Quel meilleur observateur que cette jeune mère? Dans ce domaine-là, comme dans celui de la foi, il faut aimer pour connaître : Comme elle connaît ! Sa perception si fine de tout ce qui peut impressionner une âme d'enfant sous quelque action du dehors ou du dedans ; son intelligence des ressorts les plus intimes chez ces petits êtres déjà compliqués, auraient quelque chose de terrible, si précisément ce long regard ne procédait pas de l'amour. La tendresse maternelle l'a conduite à la psychologie. Il n'est si petites ruses, ni mauvais sentiments si bien enveloppés qu'elle ne surprenne et ne démêle. Un seul élément lui suffit pour reconstituer toute une scène avec ses conséquences morales les plus ténues.

Ce sont particulièrement les premières velléités charitables de ses enfants qu'elle soumet à un contrôle rigoureux : elle les veut pures, non seulement de toute condescendance à l'égard du pauvre, mais de cette conscience de soi qui déflore souvent nos actes les meilleurs et dont portent l'empreinte, plus vivement encore que les nôtres, les petites physionomies si mobiles qui sont à toute heure son champ d'observation. Quand elle avait remarqué, elle ne parlait pas toujours, car il est certaines dispositions équivoques qu'on accentue en les nommant ; mais elle étiquetait son observation dans son souvenir jusqu'à d'autres semblables. Telle était sa méthode éminemment psychologique ; et sans cesse elle s'efforçait de détourner et de répandre sur les autres l'amour passionné et exclusif que lui témoignait en particulier sa fille aînée. Elle écrivait :

« Le sacrifice n'a pas encore eu de part dans sa vie. Ce serait à moi d'en faire naître les occasions, et je ne sais pas le faire. »

Peut-on l'en croire ?

Puis, la journée finie, les petits comptes spirituels de la mère à l'enfant se réglaient entre la prière et le baiser du soir, à l'heure toute intime où Mme de Pressensé, agenouillée auprès du lit de ses enfants, comme les mères de ses livres, pénétrait dans le fond des cœurs qui s'ouvraient largement devant elle, à la faveur d'un double crépuscule. Leur parlait-elle alors d'amour et de sacrifice ? Assurément ils comprenaient, en la voyant paraître, le sens de l'amour, et le sacrifice leur devenait léger. Heureux enfants de Mme de Pressensé !

Telle était sa finesse d'observation, qui annonçait le romancier, le romancier capable d'élever à la dignité de l'art la littérature pour enfants. Mais en éducation, deviner n'est pas tout, il faut combattre. D'après le petit Cahier et les vraisemblances, j'incline à croire que Mme de Pressensé discourait très peu avec ses enfants sur les sujets qui la préoccupaient si sérieusement dans son particulier, sobre d'enseignements vis-à-vis d'eux comme plus tard avec ses petits mobiles. Quand à chaque page de son journal elle pose une scène à sa manière simple, fine et vive, elle ne nous donne presque jamais — détail à remarquer — la réponse qu'elle a faite, le commentaire qu'elle a fourni ; comme si c'était là chose indifférente. Etablir une atmosphère propice autour de l'enfant, voilà ce qui importe. Le mot est d'elle, et je n'en connais pas qui exprime mieux le charme souple, discret et si fortifiant qu'elle savait répandre, malgré ses déclarations contraires. « H... n'a pas une nature forte. Il faut lui faire une atmosphère libre et sympathique pour qu'elle se développe d'une manière vraie », écrit-elle dans le Cahier brun. Ses livres n'ont pas d'autre souci : à part les deux ou trois premiers, écrits sous la contrainte d'une certaine tradition religieuse, quelle impression nous ont-ils laissée, du plus épanoui : « *Une Joyeuse Nichée* » au plus mélancolique et au plus étreignant : « *Seulette* » ? l'impression d'une atmosphère d'amour, que l'auteur, presque sans paroles, aurait réussi à créer autour de nous et où nous demeurions, la lecture finie. Je me rappelle avoir un jour amené une enfant à le reconnaître. On voit de plus en plus l'unité intime entre la mère et l'écrivain, entre celle qui *élève* au sens plein de ce mot et celle qui charmera. C'est un seul et même caractère.

Quelques différences de méthode apparaissent cependant : tandis que dans ses livres Mme de Pressensé proclame doucement l'amour à chaque page : l'amour seul mobile et seul but, le présentant sans se lasser aux petites âmes frémissantes de sensibilité et de solitude — le langage du Cahier brun, plus viril et moins tendre, est avant tout : simplicité et vérité. Des sentiments sans complexité, des émotions vraies, pour le moins aussi fortes que leur expression, des mots intègres ; voilà ce qu'elle souhaite à ses enfants et ce qu'elle exige d'eux. N'est-il pas évident qu'elle veut préparer, avec l'aide de Dieu, des âmes droites et pures pour recevoir ensuite, comme en un vase sans défaut, l'amour plus précieux que la vie ? Dans ses réflexions maternelles, il est l'essentiel intime qu'on ne nomme pas, le grand mobile constamment sous-entendu sur lequel on compte pour déterminer tous les autres. Un très petit exemple mais caractéristique : Au moment d'inaugurer dans ses leçons quotidiennes le système des bons points, la jeune mère, hésitant sur la valeur de ce stimulant nécessaire, place sous la haute garde de l'amour le sentiment d'émulation qu'elle va faire naître. Elle écrit, simplement suivant son ordinaire :

« Chaque bon point rapporte un centime. Je ne sais si ce mobile intéressé est le meilleur, mais au moins nous l'avons ennobli par l'emploi que nous faisons de cet argent. Une partie sera pour les pauvres. »

Mobile intéressé est charmant... Il faut être Mme de Pressensé pour entendre ainsi l'intérêt personnel ! Ses enfants furent à grande école.

Tel est l'esprit de ce Journal maternel qui m'a pénétrée plus d'une fois d'un sentiment de vénération, oui, bien que signé par une toute jeune femme. En le refermant, on se dit avec une conviction que ses livres ne feront ensuite que renforcer : *ce fut une mère.*

Elle-même ne le croyait pas, et s'écriait ingénûment :

« Que de choses me manquent pour avoir une influence vraiment maternelle ! »

Cette exclamation, étrange aveu d'insuffisance, est de 1867 environ et représente donc une phase plus avancée de sa maternité. Depuis dix ans et davantage, le petit Cahier s'est tu, après avoir relaté doucement la mort du troisième enfant ; la vie pressante l'a suspendu ; en outre, un nouveau moyen d'observer l'enfance lui est apparu : *Rosa* a montré ses joues de rose, la *Maison Blanche*, et *Deux ans au Lycée* sont venus refléter les expériences des grands écoliers qui l'entourent. Jusqu'à quel point s'inspire-t-elle de la vie dans ces premières œuvres ? On nous dit qu'*Eugène* (*la Maison Blanche*) reproduit la physionomie d'un de ses fils, et elle-même nous apprend que *Gabriel* (*Deux ans au Lycée*) est « moins fort mais beaucoup plus tendre » que son fils aîné, ce qui sous-entend une influence de la réalité sur la fiction ; et je crois bien qu'elle se réjouit de cette différence, fidèle à l'idéal exprimé dans son Journal maternel : « Ma grande ambition est de faire de lui un homme énergique, ferme, actif. » L'esprit de l'éducation est toujours libre, trop libre, constate-t-elle même. Elle continue à tout attendre de ses fils, qui grandissent auprès d'elle comme deux jeunes chênes et dont l'aîné vient de conquérir « son droit à être ce qu'il veut ». Elle en est encore à rêver l'avenir du second... Cependant tous deux ont atteint le degré et l'âge où la mère peut dire : « Je suis heureuse de les associer à ma vie en m'associant à la leur », un des plus jolis mots maternels qui aient été écrits. Leur cadette, la dernière venue, en est au premier chapitre de la délicieuse enfance, et c'est elle, le cher objet d'observation ; la fille aînée devient l'amie. Mᵐᵉ de Pressensé lui a donné, trois ans auparavant, le livre de l'adolescence (*Le Journal de Thérèse*), initiation à sa pensée la plus intime, et maintenant elle dit joliment en parlant de leurs deux cœurs plus qu'unis : « *Notre* cœur, à nous. » — Bientôt elle sera grand'mère par elle.

Dès 1870 Mme de Pressensé faisait l'expérience personnelle de cette parole qu'elle écrivait à vingt ans par intuition :

« *On dit* qu'il y a une double affection dans un cœur de grand'mère ».

(*A Mme J. L. Galliard.*)

Oui, il y eut double affection et double joie, que son œuvre réfléchit avec une fraîcheur de reflets délicieuse. Comme mère, elle avait cru ne pas pouvoir s'abandonner au ravissement que lui faisait éprouver l'enfance. Mais la voilà déliée de ses devoirs les plus pressants ; la génération qui vient s'élèvera sans elle, elle est assez modeste pour le croire. Donc, elle ne cultive plus directement, elle jouit des fleurs que d'autres cultivent sous ses yeux ; et deux livres, à vingt ans d'intervalle, presqu'aux deux bouts de sa carrière littéraire : *Une Joyeuse Nichée*, — *Frères et Sœurs*, conserveront l'image pure de ses joies de grand'mère.

Au point de vue de l'art, ce léger recul de deux générations va lui permettre de donner aux petites figures qu'elle croquera plus de modelé encore et un modelé plus frais. A ces mots n'avez-vous pas vu surgir devant vous Mlle *Lili* aux chairs potelées et aux boucles d'ébène sur un teint de lait, la plantureuse et ravissante Mlle *Lili ?* et après elle tous les hôtes d'une *Joyeuse Nichée*, tels qu'ils apparaissent et s'éveillent au premier chapitre du livre, ce chef-d'œuvre ? C'est l'enfance prise au nid, à l'heure toute tiède où un confus mouvement d'ailes et des gazouillements entrecoupés parviennent aux oreilles de la mère heureuse (« Maman, Lili veut plus dormir !») ; c'est l'enfance espiègle, égoïste et gracieuse, avec sa tyrannie et ses sourires, avenante comme un beau fruit. Voyez aussi le réveil plus discret mais aussi frais du *Petit Jean* et la scène de la douche où l'eau ruisselante chante :

> Sur ta tête frisée
> Et sur ton front rieur,
> Moi, je suis la rosée,
> Enfant, et toi la fleur (1). »

L'enfance qui vit, telle était en un mot la trouvaille que Mme de Pressensé avait faite comme grand'mère. Ah ! certes, *Rosa*, cette héroïne de la première heure possédait avec magnificence ce don de la vie ; *Roger* aussi dans *Bois-Gentil*, et *Jeanne*, bien qu'à un degré moindre. Mais encore ces petits personnages de 7, 8, 9, 10 ans révélaient-ils presque tous des délicatesses de sentiment et des subtilités de conscience qui dépassaient un peu leur âge. Plus rien de pareil ici : Peintre ravi de la première enfance, en vers et en prose, travaillant d'après nature dans une juste perspective, Mme de Pressensé n'a garde de s'abandonner à un idéalisme excessif. A quoi bon, quand la réalité est si avenante ? Mlle *Lili*,

____

(1) *La Journée du Petit Jean*, album en vers.

dont le premier cri tenace est « moi d'abord » ; *Ninette* et Mlle *Lili* qui se battent comme de petites sauvages pour un morceau de gâteau, feignent la contrition sous leurs boucles et avec leurs yeux de fleurs, puis se battent de plus belle, sitôt que reparaît l'objet contesté... *Jean* qui taille à tort et à travers la chevelure de Mlle *Lili* et compte sur la grâce de Dieu pour la faire recroître en une nuit ! *Paul*, le roi des gamins, toujours prêt à escalader les toits, à tomber dans les mares, à malmener ses sœurs, et témoignant à travers ces incidents variés d'une parfaite bonne volonté ! — voilà l'enfant-nature dont on peut dire qu'il est à la fois le petit animal le plus malfaisant et le plus gracieux de la création, toujours le plus impulsif. Mme de Pressensé n'a pas rendu avec moins de bonheur l'enfant à ses heures de gravité et de candeur morales, quand il s'arrête stupéfié devant les premières révélations de la vie : c'est *Jean* qui interroge sur le « trou noir » (la mort), sa petite main enfouie dans la main paternelle ; c'est *Ninette* à qui apparaît soudain la merveilleuse possibilité d'échanger deux sous contre cinq pommes... C'est l'enfant dans son berceau qu'effraye la face ronde de la lune mystérieuse mais amicale ; c'est le tout *petit Jean* qui veut voir le bon Dieu derrière le nuage d'or.....

D'où vient à Mme de Pressensé ce don singulier d'apercevoir la vie par les yeux d'une créature de cinq ans ? Elle est grand'mère, et revit, litté-

ralement, avec ceux qui commencent à vivre ; là
est le secret de son art que jamais la pénétration
ne déflora. Elle sait la prise du détail sur l'esprit
enfantin, et comment un morceau de taffetas rose
au front peut consoler *Ninette* d'une blessure et
de l'injustice amère ! elle a vu leurs jeux et a
mesuré leur extraordinaire puissance de simu-
lation, sujette à quelles défaillances brusques,
sitôt que l'enfant s'identifie avec son personnage.
Lisez plutôt :

« Je m'en vais, dit le docteur. Puis comme
s'il avait pris une résolution soudaine : — Je re-
viendrai demain pour lui couper la jambe.

— Non ! non !... cria la malade se levant
brusquement et échappant aux bras qui vou-
laient la retenir, je ne veux pas qu'on me coupe la
jambe !...

— Que tu es stupide ! dit Madeleine. Est-ce
que tu ne sais pas que nous jouons ?

Mais Ninette arracha les bottes, ôta le bonnet
de nuit dont on l'avait affublée, et courut cacher
sa petite figure couverte de larmes sur les genoux
de sa mère... » (*Une Joyeuse Nichée*).

Ce sont des perles. La « Société libre pour
l'étude psychologique de l'Enfant », — non
encore fondée en 1878 ! — s'enrichirait en les
recueillant.

Frères et sœurs (1894) n'est pas d'une observation moins franche ni moins saine. Une autre
famille a commencé à croître sous les fenêtres
de Mme de Pressensé, ou plutôt de l'autre côté

du boulevard! Cependant, comme ce n'est pas de la photographie qu'elle fait, mais de l'art, nous y retrouvons une association de figures nouvelles et de types connus. A côté de *Berthe*, la création, il y a *Maurice*, qui s'est appelé précédemment Roger ou Paul : grand faiseur de sottises et grand diseur d'impertinences, cœur fier et droit dont la seule faiblesse est d'adorer sa mère : « Maman n'est pas une femme!... » est le mot par lequel il expliquera tout...

Avez-vous présent à la mémoire le chapitre si vivant du dîner fraternel présidé par la pauvre petite *Lucile* en l'absence de ses parents? scène franchement divertissante d'anarchie enfantine, où *Berthe* refuse de manger sa « soupe aux herbes », et où *Maurice* la lui escamote, moins par complaisance pour la cadette que par mutinerie vis-à-vis de l'aînée. Vous dites en riant : — Ces enfants sont insupportables! — Non, car il suffit du plus léger incident, d'une porte qui s'ouvre à l'improviste, encadrant la figure souriante de la *Cousine Marie*, pour retourner toutes ces petites humeurs, de la plus acariâtre à la plus espiègle. Ainsi le vent renouvelle de minute en minute la physionomie d'un champ de trèfle rose..... Cette mobilité enfantine — notre mobilité humaine exagérée — Mme de Pressensé l'a saisie avec une rare perfection. En somme, ce qu'elle attend de son petit héros, comme autrefois de ses enfants, c'est qu'il soit lui-même, bien lui-même ; qu'il ait son âge et pas plus, et qu'il aille au fond de toutes les émotions, de toutes les joies et de tous les étonnements qui y sont attachés par la nature. C'est cela même, cet amour du vrai, ce respect de la jeunesse, qui transparaît dans les quelques lettres adressées à ses petites-filles où nous avons pu jeter les yeux. Ce sont plutôt des fragments, mais de chacune d'elles on peut dire qu'elle a exactement l'âge de la destinataire. Sois heureuse, tel est le refrain de la grand'mère ; jouis de ta jeunesse, de la vie de famille, de tes premières amies, des lectures en commun, des fleurs, de tout ce qui éclot en toi et autour de toi. Sois heureuse, épuise toute la joie de tes quinze, de tes seize, de tes dix-sept ans ! N'y a-t-il que cela ! Non, après avoir prononcé quelques paroles délicieusement fraîches et simples, elle marque parfois d'un trait léger, plus léger encore que dans ses livres, le sérieux de ce temps de la première jeunesse qui est celui « où l'on sème pour toute la vie » ; ou la nécessité, pour la jeune fille, d'apporter dans les milieux où elle est introduite « un élément nouveau de fierté et de délicatesse ». Remarquez le choix des termes. Mais là même où elle ne parle que de bonheur et d'épanouissement, peut-on s'y tromper ? Et la jeune fille qui recevait ces messages d'anniversaire et les conservait religieusement, s'y trompait-elle ?... Ce n'est pas le bonheur égoïste que Mᵐᵉ de Pressensé présentait à « la fleur épanouie sous le soleil et la rosée. » On est fleur avant tout pour les autres.

Comme l'écrivait une amie au lendemain de la mort de Mme de Pressensé :

« Non seulement votre grand'mère vous a tous aimés, mais elle a semé l'amour dans vos cœurs à tous... »

Je n'ai touché jusqu'ici qu'à l'histoire des familles heureuses dont un volume au moins est un chef-d'œuvre. Mais ce droit au bonheur que proclamait Mme de Pressensé, tout près de le recommander comme un devoir — ce droit au bonheur n'est pas une réalité pour tous les êtres jeunes, elle le savait ; les ombres de sa propre enfance l'en avaient avertie non moins que son cœur sympathique. Et peut-être, si la maternité ne lui avait pas ouvert les yeux sur l'enfance heureuse, se serait-elle absorbée dans son rêve douloureux, ne nous donnant guère que des *Seulette* et des *Pauvre Petit*. Au lieu de cela, elle nous donna des livres gais toujours ouverts sur la souffrance humaine... Il n'y a pas jusqu'à l'Album de *Ninette* et du tout *Petit Jean* où le mot Compassion ne s'écrive, entrelacé avec celui de bonheur ; des illustrations, dues au crayon sensible de Paul Robert, rendant ce contraste plus saisissable encore et plus touchant. Devenue visiteuse des pauvres, témoin de toutes les détresses qu'abritent les taudis de la ville-monde, Mme de Pressensé voit ce qu'elle avait pressenti :

« Des enfants qui n'ont pas d'enfance,
Qui jamais n'ont cueilli des fleurs,

Et qui vivent dans l'ignorance
Des plus simples de nos bonheurs... »

(Appel aux Mères.)

« C'est le grand amour de leur mère,
De leur mère au cœur patient,
Qui leur fait, dans cette misère,
Un foyer doux et rayonnant... »

(Les Petits Enfants Pauvres.)

Mais pour une *Madeleine* qui traverse allégrement la pauvreté, sans en avoir les joues moins roses ni l'humeur moins légère, vivant de deux sous de pain et du grand bonheur qu'elle donne, pour une *Madeleine*, que de *Lydie* traînées et broyées par l'horrible char de misère ! Le plus pur de son observation mélancolique, elle nous le donne presqu'à la première heure dans *Un Petit Monde d'Enfants* (1873) destiné à former avec *Une Joyeuse Nichée*, cet autre groupement juvénile, une opposition charmante d'ombre à lumière. Mais comme il y avait des larmes dans *Une Joyeuse Nichée*, il y aura des sourires dans *Un Petit Monde d'Enfants*, si tempéré et si fin. A distance égale entre Madeleine et Lydie, elle apercevra, cette fois par les yeux de l'imagination plutôt que par ceux du corps, la mince et délicieuse silhouette de *Petite Mère* perdue dans la foule humaine et serrant son *Charlot* : c'est la création poétique. Ces petits enfants pauvres, ces fleurs de mansardes, comme Mme de Pressensé les aime ! et avec quelle tendre générosité elle leur fait crédit de toutes les délicatesses, de tous les scrupules, de tous les dévouements, dût la psychologie en souffrir ! Il semble qu'elle leur dise : Pour vous consoler de votre malheur, je croirai doublement en vous ! — Elle prend pour eux son crayon le plus fin et s'avise de couleurs plus délicates encore que celles que la joie lui avait fait trouver ; partout du moins où ses yeux ne sont pas éblouis par une pitié trop forte. N'a-t-elle pas traduit son propre sentiment quand elle a dit :

> « Ces pauvres petits, Dieu les aime
> Bien plus encore que les heureux... »
>
> *(Ninette)*.

Parcourir l'œuvre de Mme de Pressensé, sans s'arrêter à *Petite Mère* et au *Petit Monde d'Enfants*, ce ne serait pas seulement faire acte de superficialité, ce serait encore la méconnaître elle-même, car elle s'est donnée plus profondément, plus entièrement, dans ces livres où palpite l'enfance malheureuse, l'enfance qui a faute de pain, de soleil, de bonheur. Oui, de bonheur : les privations matérielles ne comptent pas seules ; à côté ou indépendamment de celles-ci, il y a, épreuve plus étreignante s'il est possible, l'indigence de sollicitude et de soins, la disette d'amour. *Ursule*, *Eglantine*, *Gaspard*, *Lydie*, *Francine* elle-même, délicieux bouton de rose

que Dieu avait formé pour la joie, — autant
de victimes innocentes de notre grande insuffisance humaine : *N'avoir pas su aimer*. N'avoir
pas su aimer ! prononce Mme de Pressensé avec
intensité... C'était pour elle le malheur des
malheurs, le deuil des deuils. Dans l'épisode de
Francine enchâssé comme un bijou au centre
d'un livre relativement terne et sans relief
(*Deux ans au Lycée*), voyez où va le plus fort de
notre sympathie : Est-ce à l'enfant qui meurt
pour n'avoir pas été aimée ? Non, c'est surtout
à la mère, dans l'enfer de ses regrets sans larmes :

« Ah ! si j'avais pu croire qu'elle allait mourir, je lui aurais dit qu'elle avait toujours été la
joie de mes yeux et de mon cœur. Mais l'aurait-elle cru ? pauvre petite ! je ne lui ai jamais
dit une bonne parole, je ne le pouvais pas, et les
paroles dures venaient d'elles-mêmes. Mon Dieu!
Mon Dieu ! que je suis malheureuse ! *Si j'avais
été bonne pour elle, je ne me plaindrais de rien...*»

Et le pétulant *Maurice* (*Frères et Sœurs*),
après avoir tourmenté sa grande sœur, appre-
nant que celle-ci est mourante, s'écrie dans un
véritable mouvement de désespoir humain :

— « C'est que je ne l'ai pas assez aimée... »

« Pauvre petit Maurice », ajoutait l'auteur
comme pressée par son cœur débordant...
« Oui c'est bien là l'aiguillon de la grande séparation : n'avoir pas assez aimé... Oh ! Seigneur,
enseigne-nous à aimer pleinement, fortement,

comme nous voudrions avoir aimé, quand le jour vient où il n'en est plus temps ! »

N'avoir pas su aimer — c'est aussi la raison dernière des chagrins de *Seulette*, de toutes les *Seulettes* au cœur trop avide, contenues dans l'œuvre de Mme de Pressensé : « Aimer est encore meilleur qu'être aimé. — » « Aimer assez pour ne jamais se sentir seuls », leur dit-elle. Et dans son journal intime elle murmure : « Pourquoi attendre des autres ? Comme on serait plus heureux de ne vouloir que leur donner ! »

Il y a, me semble-t-il, dans ce trait de sa noble pensée, dans ce grand appel adressé à tous, de quoi légitimer les cas douloureux qu'elle-même paraît avoir pris un douloureux plaisir à poser sans cesse. L'enfant de ses livres ne souffre jamais en vain, et si, comme on le lui a amèrement reproché, les petits garçons et les petites filles ont volontiers raison contre leurs supérieurs en âge et en expérience, ils n'en sont pas moins sollicités de toutes les manières à faire un effort profond pour mieux comprendre et mieux aimer ceux par qui ils souffrent. *Jacques et Jacqueline*, le dernier ouvrage que la main de Mme de Pressensé ait tracé et où son cœur aimant se soit épanché, n'est que l'histoire délicieusement fine de cet effort et de ses résultats ; pas un de ses livres, d'ailleurs, où l'œuvre lente et discrète de la pénétration par l'amour ne soit décrite, parfois en marge du récit, le plus souvent au centre.

Que redouter d'une littérature qui présente, avec un charme si doux, un tel idéal de bonté ? Laissons l'enfance y puiser largement demain comme aujourd'hui et de génération en génération, puiser à cette source fraîche qui vient d'en haut et où le grand ciel bleu a regardé...

Et quant aux enfants d'hier, hommes et femmes mûrs aujourd'hui, qui comptent parmi leurs premières émotions l'apparition d'un « *Petit Monde* » et d'une *Joyeuse Nichée*, ils composent idéalement une grande famille à laquelle pourrait être appliquée par extension cette parole tout intime :

« Non seulement elle (Mᵐᵉ de Pressensé) vous a tous aimés, mais elle a semé l'amour dans vos cœurs à tous. »

CHAPITRE VII

La vocation littéraire : Essai pour la considérer isolément. — « Je n'ai pas de style » — Sentiment de la nature et de l'art. — Le poëme de la vie du pauvre. — De quelques caractères esthétiques de ses livres : Céline, Berthe, Charlot. — Georgette et la Nouvelle. — Sensibilité d'écrivain.

La vocation littéraire de M*me* de Pressensé nous est apparue dans les chapitres précédents comme faisant partie intégrante de ce que nous avons appelé *sa vocation* : simple satisfaction donnée au besoin d'agir sur les autres, et en particulier sur les jeunes esprits, dont l'expression est fréquente et passionnée dans sa correspondance intime :

« Si vous étiez *brûlé* du désir d'agir sur les

autres et que vous n'eussiez que de pauvres
moyens de le faire, vous comprendriez combien
vous êtes heureux, etc., etc. »

Écrire correspondait aussi chez Mme de Pressensé au besoin plus personnel de s'exprimer,
de s'exprimer une fois, que ressentent parfois
avec violence les natures timides, dès que le poids
des choses contenues devient une pression insupportable :

« Ce n'est pour ainsi dire pas un travail, c'est
ouvrir un canal aux pensées et aux sentiments
qui bouillonnent en vous. Ah ! si je savais penser,
comme j'aimerais à écrire ! »

— « On peut toujours se taire, direz-vous ?
Eh ! bien, non, je crois que si l'on vit, il faut parler
d'une manière ou d'une autre, et si l'on n'a ni le
don de parler ni beaucoup de science pratique, il
faut écrire, sans cela on est comme sous une
machine pneumatique ; on ne respire pas assez. »

Ainsi s'exprimait la femme douce, marquant
le supplice des « poètes sans voix ».

Cependant, si ce besoin d'expression n'avait
pas été dominé par la grande préoccupation que
j'ai dite : influencer les autres, Mme de Pressensé
aurait pu trouver sa satisfaction à griffonner des
vers dans le petit cahier de *Louise*, ou à conter
des histoires à ses petits-enfants, simplement.
Mais l'heure était passée de ces joies encore
personnelles :

« Ah ! oui, j'ai beaucoup d'ambition. Je ne
conçois plus du tout ce plaisir de pensionnaire

d'écrire pour soi des vers ou de la prose et de les enfermer dans un tiroir ; je voudrais gagner des âmes, des volontés, des êtres humains ! »

Disons-le enfin : quelque chose s'agitait en elle, qui n'émeut pas toutes les âmes de bonne volonté, *le talent*. Le moment est venu de prononcer ce nom sacré, et de considérer aussi à un point de vue plus littéraire l'œuvre de Mme de Pressensé. Cela ne saurait se faire qu'avec une grande discrétion et comme en seul regard, si nous voulons rester fidèle au plan de ce caractère et de cette vie, et encore nous semblera-t-il plus d'une fois que nous effeuillons des fleurs... En effet, l'ambition de Mme de Pressensé, très réelle, était de nature toute morale : « faire quelque chose de grand (de « largement humain ») avant de mourir » ; « gagner des âmes, des volontés... » Et elle attachait elle-même si peu d'importance à son talent ! ayant une manière non seulement sincère mais absolument convaincante de répéter : « Je n'ai jamais eu de style ». — « Je ne suis pas artiste. » — « Vous diriez cela mieux que moi. » On la croyait, pour un instant ; et puis rentré chez soi et en appelant à son œuvre, on demeurait ébloui d'une supériorité dont elle était parvenue à vous faire douter. Quelles que soient les réserves d'une critique pointilleuse, ne reste-t-elle pas celle qui écrivait ses vers d'un trait sous la dictée de l'inspiration, parfois sous la dictée de Beethoven ? et qui nous livre dans son Journal intime la formule palpitante de son art : « Tout

ce qui me remue me donne l'idée d'un livre? »
Musset, qu'elle a tant aimé, ne s'exprimait pas
autrement. Or, le talent est une force irrésistible :
il aspire naturellement à se donner, il veut trans-
mettre à d'autres, à *tous les autres*, les vibrations que lui-même a reçues de plus haut. Quoi
qu'en ait dit Mme de Pressensé, en vers délicieux,
il n'y a pas proprement de « poètes sans voix ».

Ne semble-t-il pas que quand elle parle de sa
vocation littéraire, dans les passages cités, elle
se défende contre je ne sais quelle sentence
d'interdiction? (« On peut toujours se taire, direz-
vous. Eh ! bien, non... ») De fait, ses débuts
avaient été contrariés de diverses manières. Les
difficultés les plus sérieuses lui vinrent des scrupules de quelques esprits religieux dans un temps
où les œuvres d'imagination elles-mêmes étaient
assujetties à un crédo rigoureux. Il s'agit tout
d'abord de *Sabine*, un de ses essais de la
première heure demeuré longtemps en porte-
feuille.

« Deux juges que je me suis donnés, écrit-elle,
ont trouvé que c'était incomplet comme sentiment religieux. Mon héroïne est une stoïcienne
qui s'est toujours suffi à elle-même, dans une vie
de luttes et de souffrances, et qui est jetée dans
les bras de Dieu par la découverte d'un mauvais
sentiment, d'une haine dans son cœur. Mais je
n'ai pas su faire intervenir Jésus-Christ... »

Malheureusement, cette lacune était de celles
qui ne se comblent pas, du moins sur l'heure et

pour l'âme loyale. Mme de Pressensé reprend avec la même simplicité douce et digne :

« Faire intervenir Jésus-Christ dans une crise morale me serait impossible pour rester entièrement sincère... Je laisserai donc reposer ma pauvre *Sabine* jusqu'à des temps meilleurs, ne voulant ni froisser ceux que j'aime ni leur faire des concessions. »

Ce fait peut être pris pour type des interventions que d'ailleurs elle rechercha.

D'autres amis, classés non sans une nuance d'amertume parmi « les délicats », la sollicitent d'attendre, pour écrire, des circonstances meilleures ; plus de calme dans la vie et plus de recueillement dans la pensée étant nécessaires pour la production de la beauté. Attendre, est un mot que le talent ni l'amour ne connaissent, qu'ils ne sauraient admettre ! Elle répond fièrement :

« Si vous avez parlé de nous avec notre amie, elle vous aura peut-être dit combien elle désire que je renonce à écrire, si ce n'est tout à fait, au moins pour le moment, jusqu'à ce que j'aie plus de loisirs. Je crois que vous comprenez beaucoup mieux qu'elle certaines nécessités de position et de milieu. Si en écrivant des choses médiocres, dans une vie qui n'est pas favorable à la lenteur d'un travail soigné, je puis cependant faire quelque bien dans un pays tout couvert d'ignorance et de ténèbres, dois-je me laisser arrêter par la crainte d'être jugée sévèrement par les délicats ; ou même par celle de souffrir dans ma propre conscience littéraire de la médiocrité de mon travail? Sais-je si plus tard, quand le loisir viendra, j'aurai encore l'élan, le besoin d'écrire? Ne faut-il pas travailler pendant qu'il fait jour…? »

Vous vous rappelez la belle levée de boucliers en 1869, lors de la publication de ses *Poésies?* ici, les chrétiens lui demandant compte du dogme négligé de la Rédemption; là, les lettrés menant deuil sur ses « mauvaises rimes »; entre deux, le public populaire qui vibre à ses accents et lui fait connaître puissamment les joies du succès par celles de la solidarité!

La vaillante femme-auteur se heurte encore, jour après jour, à cette résistance inerte des choses qui devient si irritante : elle n'a pas le temps d'écrire, sinon la nuit (« Quand on commence à écrire le soir vers une heure… »); ses forces sont gaspillées; « les oiseaux du ciel » — nous savons à quoi nous en tenir maintenant sur le sens de cette expression — dévorent ses pauvres loisirs. Elle en souffre, elle souffre plus encore du silence que garde son entourage sur ce sacrifice intime… C'est à peine si elle se l'avoue à elle-même, dans le *sotto-voce* de son journal intime :

« Une de mes souffrances, bien égoïste, hélas! est de ne trouver ni temps pour cultiver mon unique talent, ni sympathie autour de moi pour ce qui la produit. Personne ne semble se douter que ce soit une privation pour moi, ni un sacrifice » (1868).

Je n'ai pas nommé, à dessein, sa charité parmi les obstacles à la culture régulière de son talent, étant intimement persuadée que les sacrifices de cet ordre lui furent toujours légers, en lui paraissant le fait d'une subordination naturelle. Voyez même si dans le passage suivant, qui oppose d'une manière toute vivante l'humanité à la littérature, vous ne sentez pas courir un frémissement de joie :

« Nous allons avoir un champ d'activité qui me ravit, une paroisse spéciale avec écoles, cours du soir, culte, pour les Batignolles et Montmartre. Cela m'a rendu du goût à la vie, et je ne puis dire combien je désire avoir une bonne influence parmi cette population pauvre et ignorante sur laquelle nous n'avions jusqu'ici que peu de moyens d'action. *Tout cela pourrait bien retarder l'apparition de ce livre dont je n'ai que l'épigraphe.* » (Les *Poésies*).

Cependant, comme pour rendre le tiraillement plus douloureux entre la vocation et la vie, les oppositions de devoirs plus complexes, il faut de toute rigueur que Mme de Pressensé travaille pour vivre et faire vivre. Elle-même nous révèle la loi de son activité : Oui, chacun de ses livres d'enfants, si frais, qui se présentent à nous avec le charme d'une fleur spontanément ouverte, est en réalité le produit d'un effort et tend vers un effort ; il a sa place prévue dans le budget de demain, si chargé :

« Il me faut écrire... et maintenant que les

jours sont longs, que la vie sociale va diminuer et une partie des cours où j'accompagne ma fille s'arrêter, je vais m'y mettre avec héroïsme. Pour vous donner une idée de la nécessité où je suis... »

... « J'ai des enfants en vacances, à qui il faut donner des leçons, pour que l'oisiveté ne les corrompe pas, et enfin... j'ai une tâche presque inconciliable avec tout cela : un livre à écrire, un misérable livre d'enfants » (*Deux ans au Lycée*) « qui vient avec une peine inouïe, tout terne et ennuyeux, écrit sous l'empire de la nécessité ; et pourtant si j'avais un peu de temps et de calme ce pourrait être une joie même d'écrire un livre d'enfants... »

Nous voilà fort surpris ! Tout à l'heure elle assignait à la littérature la dernière place, dans cette phrase : « Si l'on n'a ni le don de parler, ni beaucoup de science pratique, il faut écrire... », et maintenant c'est la littérature pour enfants, son titre de gloire, qui encourt un jugement presque dédaigneux : « Un misérable livre d'enfants ! » Et elle constate que, dans des conditions normales, il y aurait de la jouissance à écrire *même cela*.... Comment concilier ce point de vue avec les sentiments de respect et de tendresse qu'elle avait voués à l'enfance ? Comment l'expliquer ? si ce n'est par le désir dont elle était brûlée de faire quelque chose de « grand avant de mourir » ? Elle ne vit pas tout d'abord que ce qu'elle faisait, précisément, était grand ; et

que ses livres « anodins » et trop « irréprocha-
bles », comme elle disait avec humeur les jugeant
étrangers à sa propre pensée — la contenaient
en réalité tout entière, dans ce qu'elle avait de
plus permanent et de plus pur. Elle ne vit pas
que, par ces frais sentiers où elle conviait l'enfance, elle allait pouvoir conduire la jeunesse et
l'humanité elle-même vers l'amour ; pas plus
qu'elle ne comprit qu'elle était en France, et pour
les pays de langue française, la créatrice d'une
littérature. Plus consciente cependant, à mesure
qu'elle avançait en âge, elle finit par reconnaître
quelque chose de ce merveilleux travail des Go-
belins qu'elle accomplissait sans le voir ; sa mission modeste lui parut bonne et suffisante. Elle
avait pu craindre un moment que le sens de ses
livres n'échappât à l'enfance elle-même (« C'est,
je crois, encore un de ces livres d'enfants qui ne
le sont pas assez..... Si c'est bien constaté, je
n'essaierai plus d'écrire pour les enfants..... »)
mais les événements la rassurèrent ; les suffrages
des petits, si abondants, lui devinrent précieux
entre tous, et ils allumaient dans ses yeux de
femme âgée une douce fierté. Cependant, l'heure
des *Poésies* devait rester la plus grande, incom-
parablement, de sa vie littéraire.

A travers ces circonstances douloureuses, hos-
tiles ou neutres, qu'advenait-il du talent de Mme de
Pressensé ? Contrarié, refoulé, émondé parfois
avec un empressement maladroit, tour à tour
servi et desservi par ce « struggle for life » qui

domine pathétiquement tant de destinées littéraires, — le talent de Mme de Pressensé, par un rare bonheur, resta ce que Dieu l'avait fait. Et c'est à peine si quelques accents plus étouffés avertirent le lecteur pénétrant de la contrainte subie ; — dans le *Journal de Thérèse*, *Deux ans au Lycée*, etc.

Qu'aurait-elle donné, on se le demande, sous un régime de liberté et d'application ? Assurément dans sa vie surchargée, elle ne put exercer son talent qu'à l'état naturel, spontané, ce qui fut tout ensemble un bonheur et un malheur ; elle ne connut pas la discipline, ni l'effort continu vers la perfection qu'embellit l'amour de l'art, ni même, strictement, les lois de la composition. Quand je l'entends déclarer : « Moi qui n'ai jamais pu faire un article et qui en suis plus incapable que jamais ! » je fais sans doute la part de son humilité ordinaire, mais je retiens aussi un aveu d'une grande portée. C'est que Mme de Pressensé était jusqu'au fond de l'âme *poète*, un poète inspiré que sa sympathie incroyablement affinée et aiguë avait pu pousser vers l'observation précise. Devons-nous la croire maintenant, quand elle s'écrie : « Hélas, je ne suis pas artiste ! » Oui, si par ce terme *d'art* il faut entendre la poursuite et la réalisation de la beauté plastique dans une œuvre déterminée. Mais où elle s'écarte décidément du vrai, et blasphème, c'est lorsqu'elle se compare à une vieille demeure carrée « sans architecture » où chanta, par hasard, « un clavecin fêlé ». Le clavecin était un orgue, un orgue aux vibrations profondes, mais dont elle ne sut pas toujours jouer... Qui n'a vu que ses *Poésies* sont animées par un des plus grands souffles qui aient gonflé une poitrine humaine, mais que la forme hésitante et pâle soutient mal l'élan superbe des strophes — d'où un disparate souvent douloureux ? Cependant il arrive à Mme de Pressensé, comme à tous ceux qui pensent grand, *d'écrire grand* sans y prétendre. On a beaucoup remarqué, à l'apparition de *Geneviève*, la mort de Mme Marceau : le lit mortuaire se dressant en sa rigidité au centre de la petite pièce où la famille évolue et où s'apprête le repas du soir. La phrase a pris les contours du marbre :

« La forme immobile était là... Rien ne la troublait plus, aucune parole ne pouvait l'émouvoir, rien ne pouvait l'atteindre dans le silence et la solitude que lui faisait son linceul. Elle y était aussi recueillie, aussi paisible que peut l'être le riche sur son lit de parade, au fond de ses vastes appartements. Que lui importaient tous ces bruits familiers de la vie ?... Sous ce plafond noirci, entre ces murs étroits et sales, sur ce lit sordide, la figure usée et flétrie que recouvrait un drap grossier avait été touchée du reflet de la beauté éternelle.

« O mort !... grande niveleuse... »

Il y a aussi, dans les couleurs ardentes, le Journal de *Gertrude de Chanzane*, durant le

Siège et la Commune, où la douleur et l'enthousiasme unis font frémir la phrase très digne. Et, il y a *Geneviève !* où le talent de Mme de Pressensé déployait des ailes singulièrement hardies vers des zones toutes nouvelles. Vous n'avez pas oublié ses lettres intimes aux profondeurs desquelles la voix de Pascal se fait entendre ; c'est peut-être ce qu'elle a produit de plus naturellement grand. Dans son Journal de voyage, écrit au jour le jour, sans préparation, il lui arrive de rencontrer l'expression *adéquate* à la beauté dont elle se fait l'interprète. Voyez-la sous le rayonnement de « l'Apollon du Belvédère » :

« … La merveille des merveilles, l'incarnation de la beauté, l'Apollon du Belvédère… Il occupe seul une petite salle ronde charmante. Il la remplit de sa beauté qui rayonne tout autour de lui. Il m'a ravie, il m'a pénétrée, il m'a civilisée, et depuis qu'en lui j'ai si bien compris la beauté grecque, je sens qu'un monde nouveau m'est ouvert… C'est la négation de la chute, c'est la noblesse, la fierté d'un front qui ne s'est jamais courbé, c'est une jeunesse qui défie la mort et plus encore la vieillesse, c'est une rédemption de l'humanité, sans Christ et sans douleur… »

Ce plein hommage rendu à la beauté pure fait le plus grand honneur à l'intelligence esthétique d'une si jeune femme, car s'il est un trait peu féminin c'est celui-là, l'appréciation de la beauté indépendamment de son caractère moral !

De quoi qu'elle juge, elle fait preuve du même goût haut et pur, et elle possède sur toutes les choses qu'elle voit des notions personnelles tendant vers l'idée générale. Voici ce qu'elle exprime sur l'attitude des vierges à propos d'un groupement de l'Angelico :

« Le groupe de la Vierge soutenue par trois personnes est de toute beauté. Je n'aime pas ordinairement qu'on la représente s'évanouissant au pied de la croix de son fils. Je crois qu'une telle douleur fait appel à ce qu'il y a dans l'âme de plus énergique, de plus vivant, de plus profond, et que ce n'est pas au moment même que les influences physiques se font sentir. Mais cette Vierge a dans son expression malgré les yeux fermés tant de force sublime et une si sainte souffrance que je n'ai pu m'empêcher de lui pardonner. »

Avec de telles exigences, elle ne se satisfera absolument qu'à Florence devant la Niobé, au contact d'une douleur si éminemment spirituelle qu'elle n'agite d'aucun frémissement nerveux le témoin ému... Mme de Pressensé est grecque !

Cependant après l'art elle devait retrouver toujours, avec quelles délices ! les bons sentiers de la nature. Elle écrit de Florence, épuisée, il est vrai, par quatre semaines de contemplation intensive et par la force de ses réactions :

« Comme un peu de nature, fût-ce même une haie ou un coin de pré, délasse et enchante après tant de chefs-d'œuvre ! »

Qu'elle est bien d'elle, cette exclamation ! *Une haie, un coin de pré* — la voilà avec son goût vif du détail et son sentiment si frais de toutes choses fraîches : paysage ou enfance. Son grand amour de la nature est diffus dans toute son œuvre : un nid de violettes ici, un fouillis de pervenches là ; partout des senteurs, quelque chose qui verdoie, un coin de ciel bleu et la perception remarquablement aiguë, je l'ai déjà dit, des sensations associées à chaque saison ! Mais rarement, très rarement, elle se laisse aller à décrire. Il est un de ses livres, cependant : « le *Pré aux Saules* », titre d'heureux augure, où elle s'est livrée sur un paysage tout agreste à une notation plus exacte et presque minutieuse. Le Journal d'*Ursule Gérard* est bien un peu le Journal du Printemps, de mars à mai ; et les mouvements moraux de cette adolescente de seize ans, tour à tour « seulette » et aimée, sont en jolie harmonie avec les mouvements de la terre printanière que le vent du nord resserre et glace, mais dont le soleil fait jaillir à l'improviste primevères, hépathiques et violettes.....

Au point de vue littéraire — on pourrait dire : dramatique — Mme de Pressensé réunit deux contraires, ayant à la fois le pouvoir d'ébranler les âmes et le don de les pénétrer par l'analyse. J'ai déclaré tout le bien que je pense en particulier de sa psychologie enfantine, et admiré dans un « *Petit monde d'enfants, Une Joyeuse Nichée, Petite Mère* », etc., les si justes rapports de l'observation avec la poésie. N'a-t-on pas dit de Coppée conteur qu'il avait donné le poème de la petite existence bourgeoise, et auréolé discrètement l'employé de bureau ou « la grisette » ? On peut dire de Mme de Pressensé, dans un sens bien plus profond, qu'elle a écrit, en quelques fragments, le poème de la vie du pauvre : L'enfance de *Madeleine* fleurissant au soleil d'hiver, entre la mère diligente et soucieuse et la vieille dame Richard un peu revêche — c'est cela même.

« Madeleine n'avait aucun besoin de bonnet, car ses cheveux blonds, épais et frisés, lui en tenaient lieu, et même de chapeau, quand elle sortait. » Voilà les bénéfices charmants de la pauvreté ! ...

Mme de Pressensé s'est fait l'observateur ému de ces compensations providentielles, et aussi de ces menus riens au moyen desquels le pauvre digne réussit à embellir sa chambre, sa toilette et sa vie : quelque chose aux fenêtres, un ruban dans les cheveux de l'enfant, beaucoup de tendresse et un peu d'espérance, cela suffit... Ce sont joies ténues et pâles, plus réelles cependant en leur fragilité que beaucoup de gros bonheurs ; le ruban bleu des dimanches de *Madeleine* les symbolise justement dans ce qu'elles ont de relatif et de touchant :

..... « Ruban qui bien des fois lavé et repassé faisait depuis plus d'une année les frais de toilette de la petite fille... »

Grâce à lui cependant, *Madeleine* paraît en fête, et *Lydie* l'envie...

En face du logis où *Madeleine* montre son capuchon rouge, *Céline* la fleuriste dessine son profil attentif et doux sur le fond de sa fenêtre. — Oui, ces deux-là sont voisines ! — Sauvée par son infirmité des promiscuités vulgaires tant de l'atelier que de la rue, *Céline* cultive là-haut, dans sa mansarde, son rêve de distinction et de pureté et son rêve d'amour, que ses fleurs irréelles — lilas blancs ou jacinthes — lui aident à entretenir. Dès l'apparition de *Geneviève*, la petite fleuriste, création purement esthétique, fixa l'attention. Tout auprès d'elle, la grosse figure de Mme *Grégoire*, bouffie de propre justice, l'affinait encore par contraste ; et la rencontre toute furtive entre *Céline* et *Augustine* la fille perdue, en exaltant la blancheur morale de l'une, allait prêter à la destinée de l'autre un caractère plus pathétique : « Je ne veux plus voir cette Céline *qui n'a rien fait de mal et qui va mourir...* ! » s'écrie, en s'enfuyant, la pauvre pécheresse, sur ce ton si juste de défi et de douleur ; mot sorti des entrailles de la conscience humaine élémentaire... C'est par des traits semblables que Mme de Pressensé est grande : elle fait alors passer dans les âmes le frisson du vrai.

Mais il y a indigence et indigence, nous l'avons vu ; et Mme de Pressensé n'a pas écrit avec moins d'émotion et de charme le poème des pauvres en bonheur, en amour ou en grâce. Est-il rien

de plus fin que le roman de la triste *Emmeline*
avec le gauche *Aristide* (1)... tout en demi-tons ?
Cette idylle parisienne côtoie un instant le ridicule
— car Mme de Pressensé est malicieuse — puis
elle y échappe par la voie de la mélancolie touchante. Il y a encore la rencontre morale toute
furtive entre le petit *Jacques* (2) et sa vieille grand'-
mère, loin du regard mauvais de Mme *Béatrice*
et comme à la dérobée — caresses échangées sous
le crépuscule par deux âmes tristes. Ce sont, celles-
là aussi, des joies pâles et toutes temporaires ;
mais le grand malheur ambiant leur dessine un
cadre sombre qui fait saillir leur peu de lumière.
Elles sont nôtres. En les décrivant, ce en quoi
elle excelle, Mme de Pressensé a fait œuvre largement humaine.

Dans la belle galerie des figures animées par
Mme de Pressensé, il y a lieu de distinguer entre les types riches en sève, mais appelés par
cela même à se répéter fréquemment au cours
de son œuvre : les *Rosa*, les *Roger*, les *Gertrude*,
etc., et les créations présentant ce caractère
unique et exceptionnel qui, discrètement marqué, est le signe de la vie et le commencement
de l'art. Nous avons déjà nommé *Céline* la fleuriste ; et, parmi le petit monde, Mlle *Lili* qui
porte son *moi* en vedette ; *Francine*, rose,
rieuse, aimante, mais dont la gaieté s'éteint par

---

(1) Les voisins de Mme Bertrand.
(2) Jacques et Jacqueline.

degrés comme celle d'un oiseau dont on a couvert la cage ; et *Berthe* (*Frères et Sœurs*) sous ses longs cheveux et avec ses yeux brillants de mystérieuses arrière-pensées. *Berthe* « aime à faire de la peine » et éprouve même ce besoin équivoque avec la violence d'une démangeaison..... mais elle veut aussi être aimée, ô notre illogisme humain ! et souffre amèrement des froideurs qu'elle s'attire. Je trouve ravissante cette toute petite créature à l'humeur acerbe et au cœur solitaire. Il y a surtout *Charlot*, l'incomparable diablotin qui trottine aux côtés de *Petite Mère*, si épanoui, si charnu, si vivace, auprès de sa sœur mincelette et sérieuse, qu'on dirait un petit parasite. Il est parasite, oui, étant égoïste avec une inconscience adorable ; ce bout de garçon-là laisse entrevoir l'homme tyran de demain, et quant à « *Petite Mère* » elle ne sera sûrement pas féministe ! Par la sollicitude toute providentielle de celle-ci, *Charlot* est installé dans la misère presque comme en un lit douillet, et il joint joliment à sa précoce science des choses les prétentions les plus absurdes ; on peut dire que l'enfant pauvre et l'enfant gâté s'embrassent en lui. C'est la création réaliste ; grâce à Charlot, le livre : *Petite Mère* ne s'enleva pas comme un ballon dans l'azur.....

Il faut chercher ailleurs ce pur azur : Mme de Pressensé avait conservé de ses rêveries de jeunesse un penchant romanesque auquel elle s'est abandonnée sans contre-poids dans deux ou trois

« *Nouvelles* ». Mais il y a un bon et un mauvais romanesque, comme il y a *Georgette* et une *Vie Perdue*. *Georgette !* Ceux qui voudront jouir purement du talent de Mme de Pressensé, en dehors des préoccupations humanitaires qui ont pu quelquefois l'alourdir, devront revenir à ces pages. Car la femme âgée qui avait eu son roman à vingt ans y a mis toute son imagination si fraîche, tout son sentiment, si passionné, et toute sa foi en l'amour idéal qui traverse la vie et la mort, fort de lui-même et d'un souvenir. *Georgette*, c'est une fleur.

Prétendrons-nous encore que Mme de Pressensé n'était pas artiste ? Si, elle l'était, ne fût-ce que par la très fine sensibilité d'écrivain qu'elle manifeste à plus d'une reprise dans ses lettres intimes. Nous la voyons redouter presque maladivement le contact de la critique ; plaider auprès d'un ami avec un embarras charmant la cause du petit volume qu'elle lui fait tenir : « Ce serait plus digne de notre amitié de vous l'envoyer sans un mot de crainte… Mais il me semble sentir d'avance des blessures qui me venant de certaines mains ne peuvent m'être indifférentes. Je crois que pour une œuvre faite avec le sang de mon cœur je n'éprouverais pas cela. La crainte est en raison de la superficialité de l'œuvre… » … « Veuillez le recommander à un autre si vous jugez comme moi que c'est un peu absurde de vous demander de perdre votre bonne lame pour couper ce roitelet ! Mais si vous écrivez vous-même ne me faites pas trop de mal ! »

Mais elle était artiste aussi par des sentiments d'un ordre supérieur, entre autres par ce détachement vis-à-vis de l'œuvre créée, aussitôt créée, qui est le propre de l'écrivain ou du peintre. Déjà il faut se donner à l'œuvre nouvelle, à celle même qui n'est pas encore née ! Ce n'est pas infidélité, mais vie intense. Cependant dans le cas de Mme de Pressensé « l'œuvre nouvelle » vers laquelle elle se portait d'un cœur ardent, c'était l'*œuvre humaine*. Il faut toujours en revenir là avec elle...

« Je n'ai vraiment pas le loisir dans ce moment de m'occuper du chemin que fait ce petit volume », écrit-elle à propos des *Poésies*, âme de son âme ; « comme pour les autres, qui me tiennent de moins près pourtant, une fois détaché de la branche ce fruit mûr ou mal mûr ne m'intéresse plus guère que par les sympathies qu'il me vaut. *Il y a tant à faire, tant à sentir, tant à écrire encore, si l'on pouvait...* »

Il convient de terminer ce chapitre, rapide aperçu littéraire, sur cette parole plus vaste que toutes les formules d'art et dépassant en hauteur et en profondeur le talent lui-même. Elle rétablirait les proportions des choses si, par un trait maladroit, nous les avions compromises.

CHAPITRE VIII

« Il a laissé un grand vide dans ma vie, mais non dans mon cœur ; car rien ne remplit le cœur comme un absent bien-aimé. »

(Journal de Thérèse).

« Vous ne me trouverez pas peu sympathique si je vous dis que je vous plains moins d'avoir perdu l'ami en qui vous avez mis votre *meilleur amour* que je ne vous plaindrais si vous l'aviez moins aimé..... N'avoir pas su aimer, c'est le seul vrai malheur... »

« Nos morts sont pour moi si vivants que, après le premier ébranlement, le premier étonnement douloureux de ce silence étrange qui succède aux échanges accoutumés, il me semble reprendre la vie avec eux. Je me sens en réalité bien plus séparée des vivants de la terre... »

« Mourir debout dans la plénitude de l'activité, c'est beau. »

Lettres intimes. — 1866-1885.

Le Veuvage. — Dernières années. Derniers actes. Derniers livres. — L'Influence.

Les dernières années de notre amie me semblent avoir pour portique la maladie et la mort de M. de Pressensé ; du compagnon intime et bien-aimé de sa jeunesse, de sa maturité, et de son premier déclin. Ce deuil, un si vrai veuvage, n'eut pas sur elle les effets violents qu'on a pu constater sur des natures plus personnelles ; il ne bouleversa pas sa vie, qui s'entr'ouvrit seulement ou se creusa pour laisser passer le torrent de la douleur, sans interrompre son cours. Mme de Pressensé avait su *l'*aimer au sens magnifique que ce terme : *avoir su aimer*, prenait à ses yeux. D'autre part, elle n'avait jamais vécu pour elle assez pour que la perte de ce que nous appelons le bonheur pût lui inspirer le dégoût ou l'effroi de vivre. Elle vécut donc, lors même que son mari ne vivait plus ; elle vécut dix années, au cours desquelles elle ne se désintéressa pas d'une seule des œuvres qu'elle avait créées et se donna passionnément à des intérêts nouveaux ; au cours desquelles, encore, elle salua avec un sentiment aussi frais chaque petite créature nouvelle qui venait à la vie, et chaque individualité qui s'éveillait à la conscience dans son cercle immédiat ; — tout comme les événements du jour et de l'heure, dans ce qu'ils avaient surtout de général et d'humain, la trouvèrent jusqu'à la fin attentive, vibrante, émue. Cependant, comme toujours chez elle, les effets intimes furent puissants : cette grande douleur de la séparation déplaça en quelque mesure le centre de sa vie ; les relations du visible et de l'invisible lui apparurent un peu différentes, en conséquence de quoi elle-même modifia sensiblement ses habitudes de sentiment et de pensée. D'autre part, celle qui devait être désormais au milieu d'une famille nombreuse et empressée la *femme seule*, prit à partir de cette heure sa silhouette de femme âgée : la nuit de la solitude et celle de la cécité menaçante coïncidèrent et se confondirent.

Cependant, pour bien apprécier l'action profonde d'un tel événement, le troisième grand événement de sa vie sentimentale, il convient de nous reporter à la période immédiatement précédente :

Nous avons laissé Mme de Pressensé en 1885 pénétrée et dominée par une sorte de découragement amer. Le découragement était à raison de la multiplication de la souffrance et de l'insuffisance des moyens de secours, les terrestres et les célestes. Quant à l'amertume, c'est la société soi-disant chrétienne qui la lui inspirait, en insultant à sa pitié par tant d'indifférence habituelle et d'inertie. De 1885 à 1889, les rapports mondains lui sont rendus de plus en plus difficiles et épineux ; un dîner en ville lui devient une épreuve. Elle écrit sur un ton contenu :

« Hier j'ai dîné en ville pour la première fois de l'hiver, un dîner où se trouvaient plusieurs pasteurs et le Père Hyacinthe, *un dîner splendide*. Je ne pouvais bannir de ma pensée les malheureux qui, malades, couchent sur les dalles, devant les asiles de nuit où il n'y a pas de place pour eux. Tout cela est monstrueux. On se sent plus loin de la religion du Christ que des sauvages. Enfin, j'en ai le cœur soulevé de dégoût pour nous-mêmes et je ne ferais rien de plus, rien, quelle misère ! »

(Mars 1890.

Elle proteste par *Geneviève* (1885) et, en 1887, tente encore, plus doucement, de faire passer le courant d'amour entre les membres de la grande famille humaine, entre *les Voisins de Mme Bertrand*.

D'autre part et dans le même temps il lui semble que le ciel — l'immense « voûte bleue » d'où sourit l'Amour du Père — s'obscurcisse et recule ; le monde invisible perd pour elle de sa réalité vivante, dans la mesure où l'exagération des douleurs humaines donne plus de relief au monde apparent. Elle se demande, il est vrai, comment ceux qui ne croient pas à l'Amour infini peuvent supporter leur destinée de témoins de la souffrance (« Que font ceux qui n'ont pas la certitude qu'un Amour infini est le fond de ces mystères ? »), mais aussi elle écrit :

« Je ne jouis plus qu'à moitié de ce qui est lointain, mais je suis bien heureuse de voir encore le ciel et ce qui est près de moi. »

« Le monde invisible a pour moi si peu de réalité. Et pourtant beaucoup d'êtres aimés l'habitent déjà, mais au delà du voile... Je suis triste et humiliée, plus peut-être que dans aucune autre phase de ma vie, mais à quoi bon le dire ? Il y a des choses que l'on ne devrait confesser qu'à Dieu... »

(*Mai 1890*).

En un mot, sans ses « chers petits enfants, la vie n'aurait plus aucun charme »; c'est elle qui le déclare, marquant d'un trait les valeurs de la lumière et de l'ombre dans son existence morale.

La maladie plus grave et la mort de son mari allaient la rapprocher de cet invisible lointain. J'ai dit : la maladie, et non seulement la mort ; car M. de Pressensé, par son attitude, fit pour tous ceux qui l'entouraient une réalité splendide de ce vœu qu'il adressait aux chrétiens réunis à Florence :

« Oh ! si tu ouvrais les cieux et si tu descendais ! »

Dieu descendit dans la chambre où le grand héros de la parole se mourait dans un silence éloquent, silence de l'âme aussi qui acquiesçait à la volonté divine.

Avant de se séparer, ils se dirent tout ce qu'ils avaient à se dire : — quelques mots très simples. Dans une lettre écrite par M. de Pressensé à la veille de son opération pour le cas où il y succomberait, il exprimait avec ampleur ce qu'avait été pour lui sa femme bien-aimée, « non seulement, disait-il, par le bonheur qu'elle m'a donné, mais *surtout en tendant à m'élever par son niveau moral au-dessus des misérables préoccupations personnelles.* » Quel hommage ! Plus tard, comme elle se désolait de ne pouvoir, à raison de sa mauvaise vue, se rendre effectivement utile auprès de son mari, il la rassura par ce mot tracé au crayon : *Tu es.* — *Tu es* — remarquez la plénitude de cette simple affirmation, le secret de son influence et de sa vie.

Ses réponses à elle ne nous ont pas été conservées. Mais nous avons ses lettres. N'est-il pas vrai qu'à ce moment sacré de leurs deux vies, nous ne supporterions pas d'entendre une autre voix que la sienne ? tout comme dans la réalité de la dernière heure, nul n'a le droit d'intervenir entre celui qui part et celle qui voit partir...

> « Ils étaient las... Mais leurs mains s'enlacèrent
>   Plus fortement ;
> Quand leurs regards attristés se cherchèrent
> Ils parlaient d'un amour plus grand. »
>
> (Le Voyage).

Je ferai simplement remarquer que deux phases se dessinent à travers les fragments qu'on va lire : dans la première, Mme de Pressensé est moins dans le ciel avec son mari que sur la terre, entourée des témoins magnifiques de son activité. Il semble qu'elle ne l'ait jamais vu jusqu'à cette heure, lui et le bonheur qu'il lui a donné ; elle se voit elle-même à ses côtés, plus humble que jamais, mais transfigurée par son rayonnement. Comme il est grand ! Le bien qu'on dit de lui est une musique héroïque qui berce sa souffrance. C'est ainsi que le soir des funérailles, elle peut répondre à la question compatissante de son cousin et ami M. Roger Hollard : « Que reste-t-il de vous ? » par ce mot étrange prononcé d'une voix toute brisée : « *Une femme très heureuse...* » C'est ainsi encore qu'elle peut écrire le lendemain à l'aînée de ses petites-filles : « Cette journée d'hier a été *si belle* ! » — Bientôt cependant, cette lumière, qui n'était après tout qu'un reflet, diminue d'éclat ; le deuil dévoile ses profondeurs, et Mme de Pressensé de se réfugier dans cet invisible où les âmes qui se sont aimées se touchent plus sûrement que dans l'infirmité des relations terrestres. Que de fois ne l'a-t-elle pas déclaré : « Je me sens en réalité bien plus séparée des vivants de la terre quand une ombre, un doute, un malentendu passe sur nos affections… »

Remarquez aussi combien peu elle s'appesantit sur sa souffrance, prononçant à peine les grands mots de déchirement et de détresse. C'est que la souffrance est un fait personnel dont le degré n'intéresse que nous-même et la dignité de notre âme. Souffrir moins ou souffrir davantage — le centre du deuil n'est pas là. Il fallut en vérité une bien forte poussée intérieure pour qu'elle s'écriât *une fois* dans l'intimité close d'une lettre à sa fille : « Il y a des choses qui me percent le cœur… Que Dieu ait pitié et me vienne en aide ! »

Le même esprit, opposé à toute recherche de soi, empêcha qu'elle se complût jamais dans ses souvenirs, elle qui avait le cœur fait pour la célébration des cultes intimes. Nous allons l'entendre regretter en toute douceur de n'avoir pu passer dans le recueillement extérieur les premiers anniversaires, mais sans se plaindre des circonstances qui l'ont distraite. Mme de Pressensé aura désormais dans les profondeurs voilées d'elle-même toute une activité de souvenirs, d'échanges intimes avec l'absent, d'intenses aspirations... mais jamais au plus fort de son vide elle ne fut tentée de prendre cette vie, si grande, pour *la* vie.

Elle écrit, au lendemain de l'opération subie par son mari (1890) :

« L'avenir me semble par moments bien douloureux, car on ne peut se dissimuler que c'est une vie austère qui commence pour lui ; mais *après cette expérience je ne puis avoir peur*. Et je suis si heureuse si Dieu nous laisse encore un peu ensemble... »

« Priez pour que je puisse accepter filialement, comme mon mari l'accepte lui-même, cette mystérieuse volonté de Dieu... »

« Par moments je me dis qu'il vaut la peine de voir souffrir ainsi, pour le voir supporter de cette manière. Dans d'autres moments, j'ai peine à accepter cette vie mutilée... »

Maintenant (avril 1891) le sacrifice est consommé ; et le sentiment, contenu tant qu'il y avait eu un effort à faire pour retarder les progrès de la mort, rompt ses digues et s'épanche dans ces lignes adressées à l'aînée de ses petites-filles ; oui, il s'épanche, bien qu'obéissant encore à une loi supérieure de modération : l'heure a passé, pour toujours, des effusions passionnées, mais peut-être est-elle plus haut encore ou descend-elle plus profond :

« Ma G... chérie. Il faut enfin que je trouve moyen de t'écrire un mot de tendresse. Je t'aimerai pour deux maintenant, et pourtant jamais ton bon-papa ne t'a plus aimée que depuis qu'il est en possession de la pleine vie de l'âme. ...Cette journée d'hier (les obsèques) a été *si belle* ; mais aujourd'hui c'est la détresse, le vide affreux. Il faut se tenir ferme à la main qui l'a soutenu au travers de la sombre vallée. Il ne faut rien laisser perdre de notre précieux héritage de bénédictions... Nous reprendrons ensemble tous ces souvenirs, toutes ces choses infiniment douces et belles, quand nous serons réunis... » (*11 avril 1891*).

(*21 avril 1891*): « Notre petite séparation me fait sentir ce qu'est la grande séparation, cette incapacité de s'aimer pleinement, de se donner sans réserves. La pensée de ceux qui maintenant connaissent cette plénitude de vie est une pensée fortifiante. Je suis donc rentrée seule, pensant à ton voyage solitaire et à cet autre long voyage que je commence.

...Ce matin, une délicieuse lettre de L. M. qui me copie une belle lettre d'Edmond pour la mort de sa mère, il y a un an. N'est-ce pas une douce pensée que de me consoler par sa voix? Ce matin de bonne heure, j'ai relu mes petits papiers. Ils m'ont fait du mal et du bien. Il y a des choses qui me percent le cœur... Que Dieu ait pitié et me vienne en aide... »

26 mai 1891 (jour anniversaire de leur mariage)... « Heureusement j'ai eu ce matin un moment de recueillement ; j'ai pu relire les vers de cet anniversaire, les dernières paroles, et je ne me suis pas sentie seule. Oh! qu'il faisait beau il y a 44 ans, et comme je comprenais peu mon bonheur, bien que je fusse heureuse comme je souhaite à mes petites filles chéries un bonheur semblable... Il faut dire que personne n'avait pris la peine de m'initier aux grandes choses... J'ai retrouvé une poésie de moi qui m'a fait du bien. Elle était pour le 7 janvier 1866 et montre que je n'étais pas ingrate comme il me semble souvent l'avoir été tout le long de ma vie. Je crois qu'elle a dû lui faire plaisir : « Enfin, nous nous sommes aimés. » Cela me revient souvent avec le sourire et le regard qui m'ont répondu... Cette journée m'apporte plus de doux souvenirs et d'attendrissement et de sentiments de reconnaissance que d'amertume. *Ma part est si belle*... Ne sommes-nous pas unis et bénis ? Et puis il y a nos enfants, notre joie et notre couronne... » (A sa fille).

A Mme Roehrich : « J'ai commencé plus d'une fois à vous écrire sans pouvoir continuer. Je suis sûre que vous ne m'en voulez pas. Ce n'est que maintenant que je commence à me reconnaître un peu et à aller au fond de ma douleur ! Il me semble impossible de vous dire la plus faible partie de ce que j'ai sur le cœur. Vous lirez la prochaine *Revue Chrétienne* et vous comprendrez. En pensant à tout ce qui s'est passé dans cette chambre, devenue pour nous un sanctuaire, je me sens pénétrée de respect et d'adoration, et je suis confondue que Dieu ait permis que je fusse associée à cette vie couronnée d'une telle mort. Pendant les premiers jours, sauf les moments où une épée me transperçait l'âme, je n'étais pas malheureuse. Maintenant le voyage solitaire commence, la détresse me prend souvent, mais pourtant la reconnaissance domine... »

« Il y avait hier un an que j'ai entendu pour la dernière fois la voix de mon mari dans une prière admirable, si simple, si sobre, qu'elle aurait dû me faire comprendre qu'il n'était plus pour longtemps avec nous, et trois mois qu'il a cessé de souffrir... Vous comprenez comme je revis chaque jour — repassant sans cesse les souvenirs de cette fin poignante et infiniment douce. » (Juilllet 1891.)

30 décembre 1891 : « Nous voilà au bout de cette année de dépouillement, de souffrance et de bénédiction. Il m'en coûte de la quitter, vous le comprenez. *Que de choses elle m'a apportées*, comme elle m'a fait comprendre l'amour de Dieu ! mais aussi, il faut bien le reconnaître, par moments il ne reste plus que la souffrance, la séparation et le grand silence. »

12 avril 1892 : « Dieu ne m'a pas accordé le recueillement que je désirais pour ces jours anniversaires, mais il m'a fait la grâce de les vivre malgré tout dans une communion profonde avec mon mari bien-aimé. La vie est un vrai train de guerre, et pourtant, que sont nos difficultés en comparaison de tant d'autres... ? »

« Qu'il serait bon d'aller chercher auprès de lui un peu de secours, mais *à mesure que nous avançons dans la vie, il faut apprendre à les chercher auprès de Dieu, sans intermédiaire.* »

« Notre foyer de vie est éteint, *il faut chercher plus haut ce qui nous venait par lui.* Ce n'est que dans la communion avec Dieu que nous retrouvons nos bien-aimés, dont nous ne savons rien, si ce n'est qu'ils sont avec lui, et cela suffit. »

N'est-ce pas comme elle a reconquis l'invisible? Je parlais tout à l'heure des modifications très fines qu'avaient subies, sous l'influence du deuil, son sentiment et sa pensée. Voyez plutôt : en 1869, elle écrivait à propos de pertes secondaires :

« Je vois de plus en plus qu'il ne faut pas chercher trop de joie dans l'échange des affections ; c'est encore de l'égoïsme. Il faut se sentir vivre, non pas dans un ou deux êtres de choix qui pensent et sentent comme vous, mais *dans le grand cœur de l'humanité...* » Et maintenant, frappée aux sources de la vie, elle murmure : « Ce n'est que dans la communion *avec Dieu* que nous retrouvons nos bien-aimés... » A cette heure, Dieu domine pour elle l'humanité ! Nous n'avons pas à examiner ici si cette différence constitue un progrès ; une seule chose nous intéresse : c'est que, conformément à la déclaration évangélique, son cœur habitait là où était son trésor...

Mais il habitait aussi sur terre, et combien ! La veuve d'Edmond de Pressensé, vêtue d'un

deuil extrêmement sobre qui se différencie à peine
de sa mise habituelle, demeure avec son fils et à
proximité de sa fille, dans les lieux mêmes où
elle a été frappée ; dans cette petite maison du
boulevard de Port-Royal qui ressemblait à son
âme, car on croyait entrer dans une cour, par
une porte sombre, et voici : cette cour était un
jardin, ou une succession de jardins qui se
révélaient au passage souriants et fleuris. Ce fut
son privilège de demeurer jusqu'à la fin là où
elle avait le plus aimé et souffert, après avoir dû
toute sa vie effacer les empreintes de leurs pas,
d'un déménagement à l'autre. Mais elle ne con-
sidérait ce privilège que comme provisoire, s'étant
accoutumée à vivre dans Paris comme sur l'Océan
où une vague est aussitôt recouverte par une
autre vague...

Dans cette maisonnette ornée de son petit
jardin qui fleurissait discrètement sous les fenêtres du salon, Mme de Pressensé occupait au
premier une chambre d'une simplicité austère
où la loi de sacrifice était empreinte, effaçant
jusqu'à la pensée du privilège. Mais il y avait
des fleurs au salon pour les réunions de famille
et, les vendredis d'hiver, un beau feu clair destiné à réjouir ses visiteurs. Se priver ou priver
les autres, c'étaient deux choses.

Celle qui vous accueillait alors avec une bonté
un peu embarrassée était grande, noble de
maintien, et on sentait que la tempête avait battu
ses épaules vêtues de noir ; la douleur ou plutôt

les douleurs avaient sculpté fortement ses beaux traits ; et sa physionomie pouvait prendre, grâce aussi au regard voilé et à la bouche laissée entr'ouverte par la parole hésitante, quelque chose de pathétique ; mais elle restait prompte à subir l'action du sourire jaillissant ; et rien n'était joli comme de voir poindre la malice au fond de ses larges prunelles obscures qui se doraient alors lentement. Sa timidité de jeune femme n'avait fait qu'augmenter par l'effet de l'âge et de la solitude ; et ce qui l'accentuait encore, c'était la voix un peu étouffée, sujette à de brusques arrêts nerveux comme si, au dernier moment, Mme de Pressensé hésitait à vous livrer sa pensée délicate et profonde. Pour qui la connaissait bien, cette légère infirmité devenait presque une grâce. Elle me raconta un jour, avec un regret cuisant, comment, pendant la maladie de M. de Pressensé, elle n'avait pas osé aborder Sully Prudhomme qui venait prendre des nouvelles. Que n'auraient-ils pas eu à se dire, cependant, le poète des *Solitudes* et l'auteur de *Seulette* ; témoin la romance d'*Ursule* :

« Il y avait dans un coin de la forêt deux arbres qui ne s'étaient jamais vus, car ils étaient séparés par un fourré, mais ils se connaissaient et ils s'aimaient. Les autres arbres n'avaient de langage que le bruissement de leurs feuilles lorsqu'elles étaient agitées par la brise ; mais eux avaient une voix... ! » (*Seulette.*)

Sully Prudhomme, encore passe... mais les

jeunes filles ! Or, après nous avoir accueillies une première fois un peu froidement, sans se douter des battements insensés de nos cœurs enthousiastes, elle nous avouait dans une heure d'abandon que nous l'avions « intimidée » ; oui, *intimidée*... Je dirai même qu'à chaque revoir, après un intervalle de semaines ou de mois, il fallait franchir à nouveau, quoique plus rapidement, cette première étape, et en quelque sorte apprivoiser la grande âme qui se donnait tout à coup à vous dans un sourire ; — sauf lorsque vous lui apportiez des fleurs choisies pour elle... Aucuns préambules alors : elle vous remerciait comme si vous lui faisiez hommage d'une fortune et regardait une à une vos humbles roses comme elle regardait ses petits-enfants.

D'ailleurs elle possédait en 1896 ou 1898, j'ose l'affirmer, la charmante indulgence qui lui avait valu l'amitié des jeunes gens de 1860. (« Je crois que ce qui me vaut souvent la confiance des jeunes esprits inquiets et aventureux c'est que *je ne suis guère scandalisable*, et que je comprends tout, excepté la légèreté et le manque de sincérité. Dieu veuille ne pas permettre que ma sympathie leur soit un piège ! ») Mais il n'y avait pas à se tromper sur le sens de cette grande tolérance : si on osait tout dire devant elle, on n'osait pas tout penser ni tout faire quand on l'avait quittée. Son ombre vous gardait.

La fin de cette noble vie est comparable à la fin du jour sous une forêt de sapins au pays de sa jeunesse : l'ombre semble déjà régner dans la région où les beaux fûts droits, unis, très simples s'élèvent d'un seul jet vers le ciel invisible, et on pourrait croire qu'ils sont dépouillés, leurs sommets verts se dérobant au regard ; mais on entend ceux-ci bruire dans les hauteurs sous le vent qui descend ou sous le vent qui monte, et un oiseau tout à coup, par une note fraîche, vous révèle qu'ils sont habités...

Chaque matin en effet et plus d'une fois par jour, on voyait Mme de Pressensé remonter de quelques pas le boulevard de Port-Royal et enfiler la triste rue de la Santé jusqu'au boulevard Arago : elle allait, tout simplement et avec une entière dépréoccupation de soi, retrouver ses petits-enfants ! Sans rapports aucuns avec la grand'mère classique qui, de son fauteuil, reçoit les hommages, elle n'avait qu'une prétention : se rendre utile ; mais il ne s'agissait pas de lui enlever cette joie précieuse, qu'elle savait varier à l'infini. Faire un lit, conduire la grande fille à son cours, donner sa leçon d'allemand à celle-là, faire épeler le plus petit, et souvent encore tenir dans ses bras un nouveau-né en savourant « le charme si doux » de la première enfance dépendante et faible — c'étaient quelques-uns des humbles devoirs qu'elle assumait au jour le jour, sans paraître y toucher. Mais elle n'en était pas moins la plus honorée des grand'mères, la plus tendrement chérie. Puis peu après midi, elle rentrait chez elle de son grand pas rapide et pourtant chancelant, elle rentrait, l'âme toute vibrante des jolis mots qu'elle avait entendus. Avec quel entrain elle les rapportait ensuite à la table du déjeuner ! cette première appréciation synthétique d'une petite créature de quatre ans sur sa propre destinée : « Je ne suis pas *très* heureuse !... » ou ce joli mot du petit garçon pour lequel elle avait défini, tout intimement, *le royaume de Dieu*, et qui lui demanda : « Alors, si nous sommes bien sages aujourd'hui, est-ce que ce sera le royaume de Dieu... ? » Ou encore le premier échafaudage pompeusement construit par une imagination de cinq ans... Je me rappelle qu'elle se délectait surtout des petites irrévérences sorties de ces bouches en fleur ; son mot : « Je ne suis guère scandalisable... » se réalisait vis-à-vis de l'enfance.

Après tout cela, s'étonnera-t-on qu'elle ait, à 68 ans, écrit *Frères et sœurs ?* (1894). Elle était alors presque aveugle, ayant subi, sans succès, une première opération partielle de la cataracte dont elle était atteinte aux deux yeux. Or, elle répugnait à dicter, ce qui se conçoit quand on la connaît ; la machine à écrire lui inspirait une égale horreur. Que faire ? Le poète de l'enfance continua à guider sa plume d'une main hésitante, et, voici le miracle digne de sainte Elisabeth : les épreuves n'accusèrent presque aucunes fautes d'impression ! (Je le tiens d'elle-même.) Elle avait été non pas lue mais *devinée*, privilège

peu commun mais privilège dont elle était digne.
Une seconde merveille, ce fut le livre lui-même :
comment une femme âgée, vivant dans l'ombre,
a pu faire jaillir, sans effort, ces fusées de gaieté
et répandre sur cette œuvre d'arrière-automne
une si opulente rosée de jeunesse, de fraîcheur
et de grâce ! Nous ne voulons pas d'autres preuves de l'abnégation de Mme de Pressensé, de ce
don singulier qu'elle avait de vivre dans les autres et pour eux.

Bien différent est le caractère de *Jacques et
Jacqueline* (1897). Les ombres du soir s'allon-
gent sur ce livre exquis ; on le reconnaît à la
suavité pénétrante de l'appel à l'amour, plus in-
sistant que jamais, et à une mélancolie émue
dans la description de la vieillesse, de la vieillesse solitaire et attristée. Une femme jeune ou
seulement en possession de ses forces aurait-elle
dessiné le profil de la *mère Benoît* avec ce réa-
lisme attendri ? lui aurait-elle donné la même
reconnaissance étonnée pour une parole de bonté,
une attention, une caresse ? l'aurait-elle faite si
triste, de cette tristesse résignée de l'âge qui
s'infiltre jusque dans les profondeurs du cœur, et
en même temps si indulgente et si humble ? On
ne peut, me semble-t-il, relire sans émotion ces
quelques traits d'un sentiment digne et d'une
touche délicieusement légère :

« La grand'mère avait dit : « Mon Dieu, aie
pitié de nous ». Elle était donc malheureuse...
Elle n'exigeait rien, la bonne vieille, et semblait

trouver tout simple que personne ne fît rien pour
elle. Jacques aussi trouvait tout simple qu'elle
occupât un coin de la chambre, comme un vieux
meuble hors d'usage qu'on laisse là par habitude
et dont on ne remarque la présence que lorsqu'il gêne. Il faut être généreux pour donner à
qui ne demande rien. Il y a des personnes pour
qui ce serait une raison de donner davantage...

Oh! que la vieillesse est cruelle lorsqu'elle
n'est pas entourée d'amour et de respect!... »

« ... La pauvre mère Benoît était tristement
assise dans la cuisine. Elle souffrait d'être incapable, inutile ; elle souffrait de cette épreuve de
la vieillesse si dure à accepter : ne plus pouvoir...
Elle aimait tant les tout petits, elle en avait tant
soigné dans sa vie ... et cette petite Jacqueline
venant si tard égayer le foyer de son fils, avec
quelle joie elle l'avait accueillie ... et voilà qu'elle
comprenait qu'on ne lui permettrait pas même
de la tenir dans ses bras ... c'était dur.

« Une larme se forma lentement au coin d'un
de ses yeux, une de ces larmes qui font mal, parce
qu'elles viennent de très loin, de très profond...
et coula de ride en ride jusqu'au coin de sa bouche, et elle sentit qu'elle était très amère... »

J'entends encore Mme de Pressensé me dire
d'un accent pénétré (c'était en 1898) : « Ce que
je redoute, ce sont les laideurs de la vieillesse, de
la maladie et de la mort... »

Elle a faim et soif — lorsque Mme de Pressensé
inscrivait ces mots en tête d'un de ses derniers

chapitres, avec la concision intensive dont elle a quelquefois le secret, elle ne pensait pas seulement à la *mère Benoît*, brisée par les infirmités et par la tristesse de l'âge, elle pensait aussi à Mme *Béatrice*, altière et mauvaise. *Elle a faim et soif*. Voilà un mot à ne plus oublier. Ce livre sur lequel passe en finissant une lueur d'aube — avec *Jacqueline*, avec l'enfance — contenait donc, on peut le dire dans plus d'un sens, l'adieu de Mme de Pressensé ; seulement cet adieu était si discret, comme tout ce qui vient d'elle, qu'au moment même nous ne l'avons pas compris...

Cependant la vieillesse qui est le plus souvent une atténuation de la personnalité respectait absolument celle de Mme de Pressensé et lui laissait en particulier toute son ardeur, parfois intempérante, de sentiments. Celle que nous avons entendue, en 1869, plaider passionnément la cause du peuple, et qui prononçait le mot : *humain* avec cet enthousiasme électrisant, est celle encore qui, en 1898 et l'année suivante, devait s'attacher à la cause du prisonnier Dreyfus. Même instinct généreux, même don de soi, même dédain de ces avantages de tranquillité et de sécurité que quelques-uns placent au-dessus de leur conscience, car elle était deux fois solidaire des dangers courus par son fils, et les soirées ou les nuits d'attente dans l'ombre du boulevard de Port-Royal durent paraître longues au cœur de cette « mère de Sparte ». (Le mot est d'elle.) Il faut dire aussi : même empressement à trouver beaux et grands les caractères qui se révélaient à elle dans l'effort commun ; elle satisfaisait ainsi, comme en 1869 dans les ateliers ou les mansardes, la soif d'admiration que ses contemporains lui avaient donné trop rarement l'occasion d'étancher. Toute la faute en est-elle à eux ? En 1898 et 1899, elle vit de la lutte qui se poursuit, et tout autres intérêts sont dominés par celui-là ; une fois de plus — la dernière — son cœur battait puissamment avec le cœur, non plus de la France unifiée comme en 1870, mais d'une fraction de la France comme en 1871. Ce fut à un tel degré que, au printemps 1899, lorsqu'il fut question pour elle de se rendre à Lausanne, afin d'y subir l'opération définitive de la cataracte, sa seule chance, — elle se déclara incapable du calme requis pour le succès de l'entreprise, incapable aussi de se soumettre au régime d'abstention intellectuelle qui en serait la suite. Passer des jours et des jours sans lire les journaux, sans même avoir les nouvelles du pays divisé et malheureux ... non ! Elle différa. Elle devait différer toujours, car toujours des intérêts vitaux relatifs soit à la patrie, soit à la famille, retinrent dans la lutte cette grande âme passionnée qui se préférait les autres. Elle ne devait connaître d'autre calme que celui de la mort, et passa directement de la nuit dans la lumière éternelle.

Car c'était la nuit ou à peu près ... Par les sombres journées de décembre, elle avouait mélancoliquement son impuissance, s'en remettant alors, pour tous les actes de la vie, sur l'une de ses petites-filles, compagnes fidèles et gracieuses de ses hivers sans lumière ; tout au plus pouvait-elle, le soir, faire un peu de lecture et d'écriture sous la clarté immédiate et vive d'une lampe, qui la blessait. Mais elle sortait toujours seule et y mettait sa fierté ; ces vastes quartiers, assez distants les uns des autres, qui étaient son centre d'action, elle les avait tant parcourus et en quelque sorte sillonnés par sa charité ! Comme elle connaissait Paris, on peut dire que Paris laborieux et pauvre la connaissait, expliquant ainsi qu'elle échappât miraculeusement à tout accident dans les rues encombrées. C'était comme si la foule s'était écartée, ainsi que devant le Christ autrefois, pour laisser passer cette grande forme noire, messagère de compassion. Un soir cependant, je m'en souviens — c'était vers Saint-Pierre de Montrouge — prise d'une sorte de vertige, elle saisit le bras de sa compagne : « Je n'y vois plus, aidez-moi, » dit-elle simplement d'une voie étreinte. Lui aider ne pouvait pas être une joie, puisque de le demander, cela lui était une souffrance. Comme elle alors, on se sentait honteux de son privilège...

Elle s'en allait ainsi, rasant les murs, à la rue des Fourneaux, ou à la rue de Gergovie, porter quelques douceurs à ses chers bébés de *l'Asile temporaire* et des forces morales à leur mère-pourvoyeuse ; surtout elle allait voir les pauvres à domicile, sans se laisser décourager par aucunes distances. Le dernier hiver de sa vie, elle eut une malade aux Batignolles qui l'attira chaque semaine dans ce quartier lointain. Lui restait-il du temps pour les heureux ? A peine... mais quand le bon hasard voulait que dans le rayon où s'exerçait sa charité se trouvât une famille amie, comme elle savait saisir l'occasion ! et quel charme reposant elle donnait à ces haltes d'une heure dans la maison de l'amitié, au milieu des grands dont elle sollicitait les confidences et des petits qu'elle voulait connaître un à un ! Là où elle avait demeuré, là aussi où elle ne faisait que passer rapidement, elle laissait une empreinte. J'ai entendu dire que les employés d'une librairie dont elle traversait souvent les salles reconnaissaient chaque fois avoir été touchés par quelque chose de supérieur ; et leur tâche du jour leur semblait ennoblie.

Elle se doutait bien peu de son influence, celle qui écrivait, on s'en souvient : « Je sais que, par timidité ou par paresse, je suis une des personnes qui passent dans la foule sans rien toucher. » Mais si elle s'en était doutée, ou si seulement on avait osé le lui dire, ce n'aurait plus été elle...

La fin de sa vie fut attristée par plusieurs deuils au caractère anormal : elle perdit une petite-fille pleine de promesses charmantes, Mlle de Pressensé (1897) et vit tomber à ses côtés sa sœur, sa cadette de plusieurs années (mai 1899) : Mme Georges Fisch, veuve elle aussi, était venue s'abriter à la rue de la Santé tout au coin du boulevard de Port-Royal, et les deux sœurs rapprochaient constamment, sans les confondre, leurs deux vies consacrées à une même charité. Très différentes, à l'origine, de visages, de caractères et de dons, ces nobles femmes, doublement sœurs par la nature et par la compassion, avaient fini par réaliser certaines ressemblances, telle était leur unité de but et d'esprit. Ainsi en parcourant Paris pour leurs courses de bienfaisance, elles présentaient la même silhouette : toutes deux grandes et vêtues d'un deuil mesuré, toutes deux dignes d'autant plus qu'elles songeaient moins à l'être. Elles avaient aussi la même manière de comprendre leurs amis malheureux — leurs malades et leurs pauvres. — A cet égard, laquelle avait inspiré l'autre ? On ne savait, tant était naturel chez chacune le cours de ce dévouement qui ne songeait pas plus à se découvrir qu'à se cacher.

Au lendemain de la mort de sa sœur, Mme de Pressensé écrivait à Mme Aug. Suchard, sur le ton doux et avec la tristesse tempérée mais pénétrante qui est désormais sa vraie manière :

« Tu veux des détails sur la cérémonie du lendemain de votre départ : Roger a bien parlé d'Emilie, très bien même... Le petit cimetière si riche de nos racines et de quelques-unes de nos fleurs était paisible sous un rayon de soleil. Quelques-uns des pauvres ou des isolés qui perdaient une amie avaient suivi jusqu'au bout. Je commence à bien comprendre que c'est fini de cette relation si intime, si douce. Le cœur me manque quand je le réalise. Nous avons eu beaucoup de bonnes visites et combien m'ont dit, les plus modestes surtout : « Elle était ma meilleure amie. »

Plus loin, parlant du retour attendu de son gendre, M. Alfred Bogner, après un voyage en Afrique qui avait présenté certains dangers, elle dit : « C'est étrange, cette impossibilité de se réjouir d'un si grand bonheur après tant d'angoisses ! »

Et elle conclut : « Je vais me trouver un peu seule, mais je n'en ai pas peur, *la tristesse tient compagnie.* »

A une jeune amie en deuil elle écrivait : « Je la trouve bien heureuse, cette mère tant aimée, d'avoir franchi le redoutable passage et d'être en pleine vie et en pleine lumière. Je suis quelquefois si lasse de vivre dans une demi-obscurité. »

(28 janvier 1901.)

Ce sont bien vraiment les ombres du soir, les mêmes qui commençaient à s'allonger dans *Jacques et Jacqueline,* mais plus fortes parce qu'aussi l'heure est plus avancée...

Mme de Pressensé ne pouvait pas se plaindre alors, comme dans sa généreuse jeunesse, de « souffrir trop peu individuellement ; » car des soucis et des difficultés de toute sorte faisaient ployer son âme, tour à tour accablée ou en proie à une agitation douloureuse. Les siens souf-

fraient ! les siens étaient en danger ! Quant à
« la grande douleur universelle » elle n'avait
pas cessé d'en porter le faix, bien que silencieusement : dans des vers retrouvés après sa mort
et que je n'ai pas lus, vers sacrés empreints
d'une souffrance sombre, elle s'accusait de
n'avoir *pas su aimer*, *pas su souffrir*, renouve-
lant la plainte des « *Poésies* » mais sans cet
enthousiasme de la jeunesse qui soulève la douleur elle-même comme sur des ailes.

« Comprends-tu la douleur de n'aimer qu'à moitié ?
Trop peu pour en mourir... trop peu pour qu'on en
vive ! »

(*Poésies*, p. 113).

Cependant, dans son dernier été, voici ce
qu'elle répondit au mot d'une amie d'enfance :
« La vie est triste » ; — « *Oui, mais je la trouve
si belle.* » Nous croyons entendre l'accent qui
souligna cette vaillante parole... Jeune mariée,
elle avait écrit pour les yeux seuls de son mari :

« Et la vie est plus belle encore que sa promesse... »

(*inédit*).

Puis entrée bientôt dans son grand ministère,
noblement elle maudit son privilège et pensa
mal de la vie. Et il fallut que, toujours généreuse, elle eût perdu sa part de bonheur et fût
dans la nuit presque complète, pour proclamer

la beauté de l'existence humaine, à l'heure où elle allait la dépouiller : *Je la trouve si belle !*

Un soir de février 1901, dans la rue de la Santé, Mme de Pressensé fut la victime singulièrement choisie d'une agression grossière : un groupe de jeunes hommes, après l'avoir renversée, s'emparèrent de son sac où se trouvaient seulement quelques pastilles de chocolat destinées à ses petits-enfants (toute sa fortune et toute son histoire !) ; elle alla donner de la tête contre l'asphalte du trottoir... Mme de Pressensé désira qu'on n'insistât pas sur cet accident, dont les auteurs appartenaient sans doute à cette classe des coupables malheureux qu'elle avait tant défendus, tant aimés et si souvent abrités dans son cœur généreux. Anomalies du sort ! Elle prétendit en souriant qu'ils lui avaient rendu service en lui prouvant qu'elle était forte encore et capable de se relever sans appui...

Y eut-il quelque relation entre le choc assez rude de cette chute et l'attaque de paralysie dont elle allait être frappée violemment ? (fin mars 1901). On ne peut s'empêcher de le croire. Dès le premier jour de la longue agonie qui devait se prolonger trois semaines, ce fut en elle et sur elle le grand changement définitif : son cœur semblait engourdi, et sa physionomie, si altérée, avait dépouillé son caractère. Ce n'était plus Mme de Pressensé, me disait un témoin, mais une femme âgée, anonyme, sur un lit d'hôpital. Au premier moment, la pensée de cette transformation est douloureuse, comme pouvait l'être sa vue. C'est en y songeant davantage qu'on en vient à se demander si cette identification dernière de Mme de Pressensé *avec tous* — et *tous* sous-entend d'abord la multitude des malheureux — n'eut pas quelque chose de symbolique et de grand ? Pascal mourant voulut avoir un pauvre dans sa chambre. Elle eut mieux que Pascal. (« Oh ! croyez-le, je souffre... et par cette souffrance, — Echo de vos douleurs, vos douleurs sont à moi ! ») L'effigie humaine, à cette heure dernière, avait effacé l'autre.

Elle devait s'en aller sans avoir soulevé un seul instant les voiles de l'inconscience, devenus les voiles de la mort. Ceux qui veillaient auprès d'elle guettèrent en vain le mot ou le signal d'amour. Mais il suffisait de l'écouter dans son passé. Et peut-être, après tout, fallait-il rendre grâce à Dieu d'avoir insensibilisé pour l'heure du départ le grand cœur véhément que tant de liens douloureux — tendres aussi — rattachaient à la terre ; à « cette terre où l'on souffre *tout ce qui se peut souffrir* », selon l'expression si poignante de Marie Hersant. Or, qui dira la force des liens de souffrance ?

Elle nous quitta, elle quitta sa grande famille humaine, le 11 avril 1901, et le monde parut tout à coup vide et noir à tous ceux sur lesquels elle avait brillé sans le savoir. Il fallait chercher plus haut l'étoile de l'amour...

***

Mais une carrière comme celle de Mme de Pressensé ne se termine pas à la mort; la pierre tombale ici ne scelle rien. Au contraire, parvenus à ce qui devrait être la dernière page du livre, comme de la vie, nous avons l'impression très nette de quelque chose qui s'ouvre largement — et ce quelque chose c'est *l'influence*, par où une personnalité se prolonge et étend ses effets.

Une amie de Mme de Pressensé, remarquable par la finesse de ses appréciations intuitives, me disait, il y a peu de mois : Un certain recul sera nécessaire pour bien apprécier cette influence qui m'apparaît immense. — Voici donc une page ouverte où l'avenir écrira...

Mais sans vouloir engager ni définir ce qui n'est pas encore, voyons rapidement ce qui est : Il y aurait un nouveau chapitre à ébaucher sur les relations de l'enfance avec Mme de Pressensé. Son action avait commencé à s'exercer sur ses petits-enfants qui, tous, apprirent et apprennent encore à penser en épelant ses livres délicieux ; puis, par une série de cercles concentriques toujours grandissants, elle atteignit l'enfance de tous pays — puisque aussi bien ses livres furent traduits dans toutes les langues, même en tchèque, et sont lus aujourd'hui en tous pays, jusque et surtout dans la lointaine Russie. — La littérature pour enfants n'avait jamais eu à enregistrer pareil succès ! — L'enfance, ayant lu, aima avec adoration Mme de Pressensé. L'élan d'une de ses petites filles déclarant, après lecture de *Petite Mère*, qu'elle voulait copier le livre *tout entier* et s'entêtant malgré les explications de sa mère sur le chiffre de l'édition (« Alors, il y en aura un exemplaire de plus! ») — cet élan exprime bien nos sentiments de ferveur immodérés, autrefois et aujourd'hui. Dilater les cœurs, quel meilleur moyen préliminaire pour les ensemencer? Je ne veux rien exagérer ; cependant il me semble que cette description, d'une si jolie mélancolie discrète, ne correspond plus absolument aux dispositions de l'enfance qui a été nourrie des livres de Mme de Pressensé.

> « On cause, on rit. Dans la nuit sombre,
>   Groupe joyeux,
> Ils ne savent pas que, dans l'ombre,
> Un pauvre oiseau meurt tout près d'eux. »
>
> *(Ninette)*.

Je dirai au contraire que de l'atmosphère lumineuse où ils se meuvent et s'ébattent, beaucoup de *joyeuses nichées* ont appris à distinguer cette plainte de l'oiseau mourant, du côté obscur de leur fenêtre. Et c'est Mme de Pressensé qui le leur a appris, qui leur a donné, à ces étourdis, cette légère perception de la grande souffrance... On n'est pas son lecteur sans cela.

Voici, dans l'ordre moral, la preuve infiniment précieuse fournie par un petit garçon, contemporain et lecteur de *La Maison Blanche*; il écrivait à Mme de Pressensé, de Rothau (Alsace)

en 1862 — et sa lettre fut pieusement conser-
vée — :

« Madame,

« Je suis un des heureux petits garçons qui
ont reçu *La Maison Blanche* pour Noël, et j'ai
lu cet ouvrage avec une grande joie. Je ne puis
m'empêcher de vous remercier de la bonté que
vous avez eue de le publier... Quand on a beaucoup à travailler et que dans une heure de ré-
création on peut lire une histoire comme celle
que vous avez écrite, on reprend tout à fait courage. Les exemples de Sarah, de Jérôme, et
d'Eugène qui s'est sacrifié pour son cousin, vous
transportent, et on voudrait faire comme eux.
Ecrivez encore pour les garçons, car cela en-
courage les faibles et fait persévérer les forts. Je
voudrais connaître vos enfants pour les charger
de vous embrasser de la part de tous les enfants
de France... »

L'influence de Mme de Pressensé sur la société
humaine est d'un contrôle aussi délicat, mais
nous la présumons plus vaste encore. Qui dira
quels horizons angéliques se sont ouverts, par
l'effet de sa compassion, sous les yeux d'innom-
brables malheureux. Mais parlons plutôt de ce
que nous connaissons : A l'apparition de *Gertrude* et de *Geneviève*, ce fut, quelques-uns s'en
souviennent, une houle de protestations irritées
s'élevant de tous milieux : Eh, quoi ! elle donnait

les mains au socialisme ! par sa pitié excessive
elle déposait dans l'âme populaire des ferments
d'amertume qui allaient envenimer encore des
relations si difficiles !… Mais tandis qu'on pro-
testait et qu'on s'indignait, inconsciemment on
s'assimilait aussi la substance morale des livres
contestés ; et les idées de Mme de Pressensé, faites
de ses sentiments palpitants, passaient dans la
grande circulation humaine. C'est à un tel degré
que vous ne pouvez plus aujourd'hui ouvrir un
traité de sociologie, de morale sociale ou de
christianisme pratique, sans trouver, exposées
dans les termes mêmes et avec toutes les nuances
propres à Mme de Pressensé, les situations respectives du pauvre et du riche, du déshérité et
de l'heureux. Sur deux points en particulier : la
dignité morale du pauvre et le mal considéré surtout comme un malheur, toutes les opinions se
rencontrent, des deux pôles de la pensée humaine. Voici, sur le premier sujet, le témoignage,
qui ne paraîtra pas suspect, du grand individua-
liste anglais Sir John Lubbock, le sage souriant
si habile à équilibrer toutes les parties de l'être
et de la vie.

« Nous devrions toujours nous demander si
nous ne sommes pas en train de détruire chez
le pauvre le sentiment de ses devoirs au lieu de
lui donner le moyen de les mieux remplir. »
(*L'Emploi de la vie.*)

C'est l'aumône ! Le grand problème toujours
vivant, bien que, depuis cinquante ans et plus,

les théoriciens le condamnent au non être, a été posé de nos jours tel exactement qu'il apparaissait à la conscience éperdue de Mme de Pressensé, moins, il va sans dire, la note pathétique jetée par le cœur, et moins toujours le cri de *Geneviève* qui ne sera pas poussé deux fois : « Je voudrais être de ceux-là... ! »

Dans cette extraordinaire conversion de la société à la doctrine de Mme de Pressensé, faut-il tout attribuer à son influence? Non, sans doute. Parmi ceux qui semblent s'être pénétrés de son souffle, beaucoup ne l'ont jamais lue ni jamais rencontrée. Mais il est de grands mouvements universels de sentiments ou d'idées qui sont aperçus en premier par ceux qui habitent les sommets ; ceux-ci le crient dans la plaine ou dans les abîmes, mais on ne les entend pas, quelquefois, on ne veut pas les entendre. Jusqu'au jour où à leur tour les habitants de la plaine, voyant passer à côté d'eux ce courant irrésistible, l'annoncent d'une seule voix et sont alors écoutés. Mme de Pressensé fut une sentinelle des sommets, pour autant que cette image tout extérieure et décorative peut rendre les phénomènes si intimes de sa vocation d'amour. Partout ailleurs, je l'ai dit, son influence est inappréciable.

Mais où nous pouvons la toucher, cette action salutaire, c'est en nous-mêmes, c'est dans les profondeurs de nos consciences individuelles qu'elle a rendues prodigieusement attentives, et de nos sentiments qu'elle a affinés. Le pauvre, celui qui nous aborde d'une voix hésitante et qui nous tend la main sur les boulevards de nos villes, celui qui vient tirer notre sonnette à l'heure importune, ou dont, à notre tour, nous franchissons le seuil avec une émotion inconnue, est pour nous un être nouveau, que l'amour de Mme de Pressensé a transfiguré à nos yeux. Et nous-mêmes, ne sommes-nous pas devenus par rapport à lui, et en intention tout au moins, des créatures nouvelles? *En intention...* Je voudrais pouvoir affirmer qu'à l'instigation de Mme de Pressensé, des actes meilleurs sont venus témoigner de nos dispositions plus humaines. Mais on ne peut faire de telles déclarations qu'en son propre nom... et nous savons trop comment en tout temps, mais particulièrement à notre époque de spéculation et d'analyse, les actes hésitent à répondre aux pensées et aux sentiments plus délicats que forts.

Mais n'est-ce rien que ce monde assourdi de scrupules et de regrets, et ce malaise intime qui, suscités en nous par l'exemple de Mme de Pressensé et à sa voix, ne se laisseront plus jamais apaiser? Notre geste dans la rue, quand nous nous retournons vers le malheureux qu'une vieille habitude d'indifférence nous avait fait dépasser, n'est-il pas la preuve, imparfaite encore, qu'une âme nouvelle a surgi dans notre âme et est entrée en lutte avec elle? Mme de Pressensé a entamé irrémédiablement notre égoïsme et notre quiétude cruelle.

Elle écrivait en 1885 à une amie — Mme Roehrich — se défendant contre un reproche qui lui a souvent été adressé par les nôtres et faisait saigner son cœur fier d'amie du pauvre :

« Pour ce qui concerne le sujet principal de votre lettre, chère Madame, j'ai senti que nous avons une manière de voir entièrement différente. Vous paraissez croire que je ne connais pas assez les pauvres pour les juger ; cependant, voilà de longues années que je suis en rapport avec eux, et je ne crois pas me faire beaucoup d'illusions. Mais, au nom du ciel, pourquoi vaudraient-ils mieux que nous, eux qui ont tout contre eux ?

« ... Je vous avoue que les vices des riches, moins grossiers, me frappent autant que les leurs, et que je n'estime pas davantage l'homme qui s'accorde tous les jours de sa vie les jouissances d'une sensualité raffinée que celui qui cherche à oublier ses peines dans une ivresse grossière. Je suis plus frappée de notre égoïsme et de notre froideur de cœur que de leur mécontentement et de leur envie.

Nous qui sommes dans une position médiocre et qui, par conséquent, n'avons ni les tentations de la richesse ni celles de la misère, qui connaissons les soucis mais aussi les joies du travail rétribué, nous sommes certainement les privilégiés, et nous devrions être les meilleurs. Oserions-nous même nous comparer à ces femmes qui, sans avoir notre culture et notre développement de sentiment, travaillent sans jamais un moment de répit, se privent de tout et souvent trouvent encore le moyen de tendre une main secourable à de plus pauvres qu'elles ? Et si parmi eux beaucoup sont grossiers et vicieux, *n'est-ce pas le plus grand de leurs malheurs ?...*

Je vous trouve bien heureuse de pouvoir dire que vous aimez Dieu de tout votre cœur et de toute votre pensée ! Mais alors, comment pourriez-vous ne pas aimer ses créatures faites à son image et, qui plus est, ceux parmi lesquels Jésus a voulu vivre ? ceux qu'il a honorés en étant l'un d'eux ?

J'ai certainement mes antipathies parmi les pauvres comme parmi les riches, et je ne sais que trop que la différence de positions crée une barrière, mais *d'une manière générale toute ma sympathie est pour eux*, et il me semble que, en cela, je suis du côté de Jésus-Christ. Je ne suis pas non plus assez spiritualiste pour que les privations matérielles, la faim, l'excès de travail, le manque de tout ce qui pour nous est le strict nécessaire, ne soient rien. La pensée de se voir dépouillés de tout ce qui fait le charme de notre vie serre le cœur. Il me semble que ce qui nous manque, c'est l'imagination pour nous représenter ce dépouillement ; et que si nous pouvions nous le représenter nos cœurs se fondraient.

N'avez-vous pas remarqué, dans l'article de M. K., ce qu'il dit de cette conscience nouvelle qui commence à s'éveiller parmi nous ? Ce mot m'a fait un bien extrême. *Si je puis contribuer en quelque mesure à la formation de cette cons-cience nouvelle, je ne croirai pas avoir perdu ma vie.* Peut-être ne nous servira-t-elle qu'à souf-frir davantage, parce que nous comprendrons mieux... »

Une conscience nouvelle. — Voilà ce que nous sentons obscurément poindre en nous, et autour de nous, dans la société qui tend enfin à devenir chrétienne ! C'est la synthèse des mille voix in-times dont je parlais tout à l'heure. Mme de Pres-sensé — et nous nous en doutions d'ailleurs ! — n'a pas perdu sa noble vie.

TABLE DES MATIÈRES

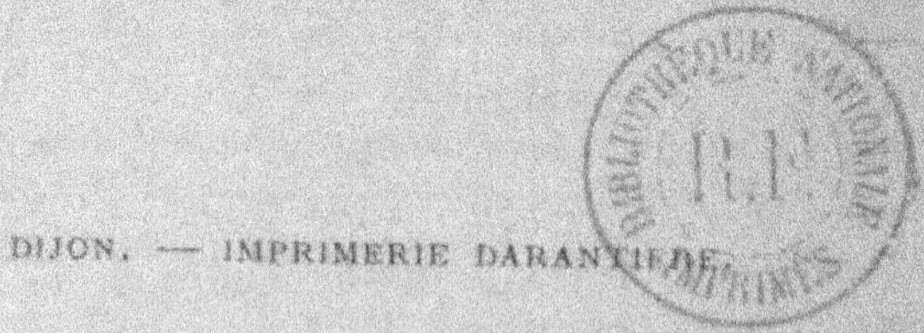

DIJON. — IMPRIMERIE DARANTIERE.

OUVRAGES DE MADAME E. DE PRESSENSÉ

Rosa. — Histoire pour la jeunesse. 26ᵉ édit. 1 v. in-12   2 »

La Maison blanche. — Histoire pour les écoliers, 19ᵉ édition. 1 vol. in-12 . . . .   2 50
> Ouvrage couronné par la Société libre d'Instruction et d'Éducation.

Journal de Thérèse. — 13ᵉ édition. 1 vol. in-12 .   2 50
> Ouvrage couronné par la Société nationale d'encouragement au bien.

Scènes d'enfance et de jeunesse. — 9ᵉ édit. 1 v. in-12   2 50

Deux ans au lycée. — 11ᵉ édition. 1 vol. in-12 . .   2 50
> Ouvrage couronné par la Société nationale d'encouragement au bien.

Boisgentil. — 11ᵉ édition. 1 vol. in-12 . . . .   2 50

Un petit monde d'enfants. — 12ᵉ édition. 1 vol. in-12   2 50
> Ouvrage couronné par la Société libre d'Instruction et d'Éducation.

Une joyeuse nichée. — 14ᵉ édition. 1 vol. in-12. .   2 50

Petite Mère. — 16ᵉ édition. 1 vol. in-12 . . .   2 50

Seulette. — 11ᵉ édition. 1 vol. in-12 . . . . .   2 50

Le Pré aux Saules (suite de **Seulette**). — 7ᵉ édition. 1 vol. in-12 . . . .   2 50

Pauvre Petit. — 7ᵉ édition. 1 vol. in-12 . . . .   2 50

Les Voisins de madame Bertrand. — 5ᵉ édit. 1 v. in-12   2 50

Sauvagette — 4ᵉ édition. 1 vol. in-12 . . . . .   2 50

Brunette et Blondinette. — 5ᵉ édition. 1 vol. in-12.   2 50

Le Clos Toustain. — 4ᵉ édition. 1 vol. in-12 . . .   2 50

Frères et sœurs. — 4ᵉ édition. 1 vol. in-12 . . .   2 50

Jacques et Jacqueline. — 4ᵉ édition. 1 vol. in-12 .   2 50

Geneviève. — 7ᵉ édition. 1 vol. in-12 . . . . .   3 50

Sabine. — **Gertrude de Chanzane.** — Deux nouvelles. 2ᵉ édition. 1 vol. in-12 . . . .   3 50

Marthe — **Georgette.** — **Une vie perdue.** — Trois nouvelles . . . .   2 »

Poésies — 8ᵉ édition. 1 vol. in-24 double couronne, papier teinté, broché 3 50
     —   relié en toile, tranches dorées . . .   4 50

La Journée du petit Jean. — Album de poésies pour les enfants, illustré de nombreux dessins de *Paul Robert*. 1 vol. in-4° cartonné . . . .   3 »

Ninette. — Album de poésies pour les enfants, illustré de nombreux dessins de *Paul Robert*. 1 vol. in-4° cartonné . . . .   3 »

DIJON. — IMPRIMERIE DARANTIERE.